DIRE STRAITS
COMPLETE CHORD SONGBOOK

HAL•LEONARD®

Published by
Hal Leonard

Exclusive distributors:
Hal Leonard,
7777 West Bluemound Road,
Milwaukee, WI 53213
Email: info@halleonard.com

Hal Leonard Europe Limited,
42 Wigmore Street Marylebone,
London, WIU 2 RY
Email: info@halleonardeurope.com

Hal Leonard Australia Pty. Ltd.
4 Lentara Court Cheltenham,
Victoria, 9132 Australia
Email: info@halleonard.com.au

Order No. DG70939
ISBN 978-1-84772-527-1

Music arranged by Matt Cowe.
Music processed by Paul Ewers Music Design.
Music edited by Tom Farncombe.
Compiled by Nick Crispin.

Cover image courtesy of
Fender Musical Instruments Corp.

Printed in EU.

www.halleonard.com

Angel Of Mercy

Words & Music by Mark Knopfler

Melody:

Well there's a Pet - er Pan moon,

E fr7 D fr5 C fr3 G fr3

Verse 1

```
N.C.                E            D   C
Well there's a Peter Pan moon,    shepherd's delight
            E          D          C
I got the dragon at noon, yes and I won the fight
          E           D       C                        D
Now I want my re - ward in heaven tonight, just like you promised
E          D              C
Angel of mercy you'll come to no harm
E             D                C
   Angel of mercy, there's no need for alarm
    E             D               C
The knight in his armour wants a night in your arms
                  D
You know he's honest
```

Chorus 1

```
C                       G          D                        G
Angel of mercy, an - gel delight, give me my reward in heaven tonight
            C                       G
And if I give up my sword, won't you give me the right
          D
Sweet angel
```

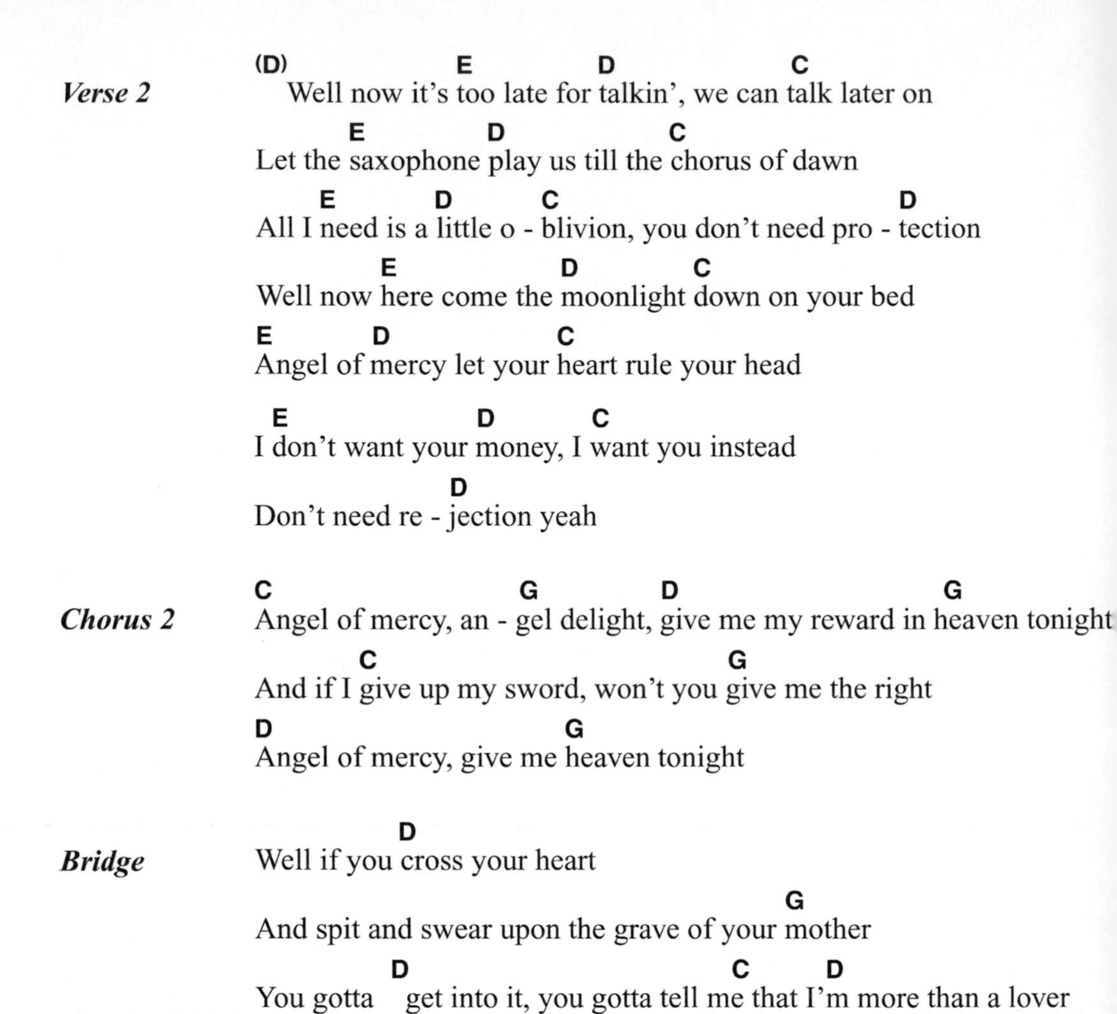
Verse 2
(D) E D C
Well now it's too late for talkin', we can talk later on
E D C
Let the saxophone play us till the chorus of dawn
E D C D
All I need is a little o - blivion, you don't need pro - tection
E D C
Well now here come the moonlight down on your bed
E D C
Angel of mercy let your heart rule your head
E D C
I don't want your money, I want you instead
D
Don't need re - jection yeah
Chorus 2
C G D G
Angel of mercy, an - gel delight, give me my reward in heaven tonight
C G
And if I give up my sword, won't you give me the right
D G
Angel of mercy, give me heaven tonight
Bridge
D
Well if you cross your heart
G
And spit and swear upon the grave of your mother
D C D
You gotta get into it, you gotta tell me that I'm more than a lover

Solo | E D | C | E D | C |
| E D | C | D | D ||

Chorus 3 As Chorus 2

Interlude |: C | G | D | G :| *Play 6 times*

Chorus 4

```
       C                  G
|: Yeah angel of mercy, angel delight
  D                           G
A-give me my reward in heaven tonight
          C                                     G
And if I give up my sword, won't you give me the right
D                             G
Angel of mercy, give me heaven tonight :|
```

Outro |: C | G | D | G |
| C | G | D | G :| *Play 4 times to fade*

Badges, Posters, Stickers, T-Shirts

Words & Music by Mark Knopfler

Melody:

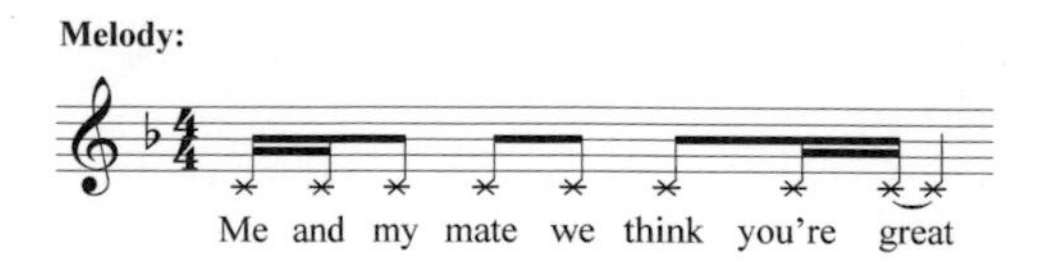

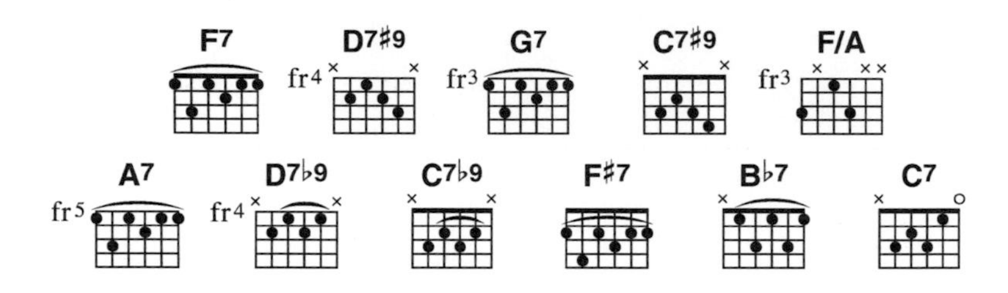

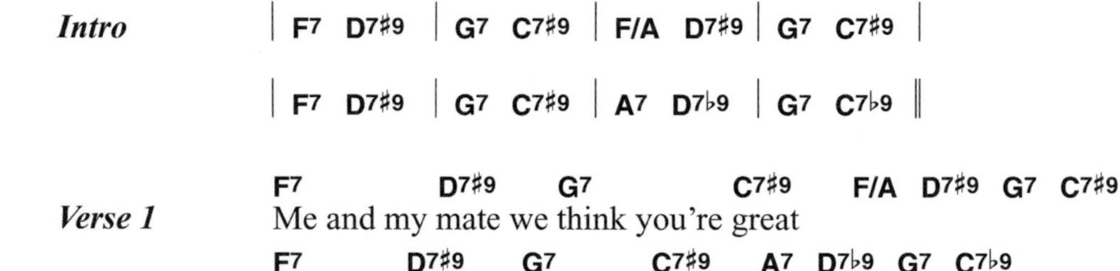

Intro | F7 D7♯9 | G7 C7♯9 | F/A D7♯9 | G7 C7♯9 |

| F7 D7♯9 | G7 C7♯9 | A7 D7♭9 | G7 C7♭9 ||

Verse 1

F7 D7♯9 G7 C7♯9 F/A D7♯9 G7 C7♯9
Me and my mate we think you're great
F7 D7♯9 G7 C7♯9 A7 D7♭9 G7 C7♭9
Some we like and some we hate
F7 D7♯9 G7 C7♯9 F/A D7♯9 G7 C7♯9
I know him I've seen him on the adverts
F7 D7♯9 G7 C7♯9 A7 D7♭9 G7 C7♭9
Got any badges, posters, stickers or t-shirts

Verse 2

F7 D7♯9 G7 C7♯9 F/A D7♯9 G7 C7♯9
You were bloody great last time you come
F7 D7♯9 G7 C7♯9 A7 D7♭9 G7 C7♭9
I thought me head was stuck in the bass drum
F7 D7♯9 G7 C7♯9 F/A D7♯9 G7 C7♯9
Bloody loud, me bloody head hurts
F7 D7♯9 G7 C7♯9 A7 D7♭9 G7 C7♭9
Got any badges, posters, stickers and t-shirts

Link 1 | F7 | F7 | F7 | F7 ||

Bridge 1

```
F7
So how'd you get a start in show biz

My mate's as good on the drums as he is

My mate thinks I'm bloody cracked
                                              F♯7
Can you sign my jacket on the back
G7
  All them badges made of plastic

I think they're great, just fantastic

I'm unemployed, he's still at school

He gets annoyed 'cause I'm such a fool

You don't half sweat a lot up there

Haven't you got showers in here

You're bloody great, my bloody head hurts
                                                  C7♯9
Got any badges, posters, stickers and t-shirts
```

Verse 3

```
N.C.  F7          D7♯9      G7  C7♯9   F/A  D7♯9  G7  C7♯9
Yeah, me and my mate like AC/DC
F7      D7♯9    G7       C7♯9     A7  D7♭9  G7  C7♭9
Hot and sweaty, loud and greasy
F7        D7♯9        G7     C7♯9     F/A  D7♯9  G7  C7♯9
My mam says we're a pair of perverts
          F7      D7♯9   G7         C7♯9     A7  D7♭9
Got any badges, posters, stickers and t-shirts
G7     C7♭9
C'mon mister
```

Scat solo

```
‖: F7  D7♯9 | G7  C7♯9 | F/A  D7♯9 | G7  C7♯9 |
 | F7  D7♯9 | G7  C7♯9 | A7   D7♭9 | G7  C7♭9 :‖  Play 4 times
```

Verse 4

F7 D7♯9 G7 C7♯9 F/A D7♯9 G7 C7♯9
And we hitch-hiked here, it were pouring rain

F7 D7♯9 G7 C7♯9 F7
Now we've missed the fla - min' train

Bridge 2

F7
Hey, can I have one of them lagers

Thanks very much, great

Can he have one

A-one, a-two, a-one two three four

Outro

𝄆 F7 | F7 | B♭7 | B♭7 |

| C7 | C7 | F7 D7♭9 | G7 C7♭9 𝄇 *Play 12 times to fade*

Brothers In Arms

Words & Music by Mark Knopfler

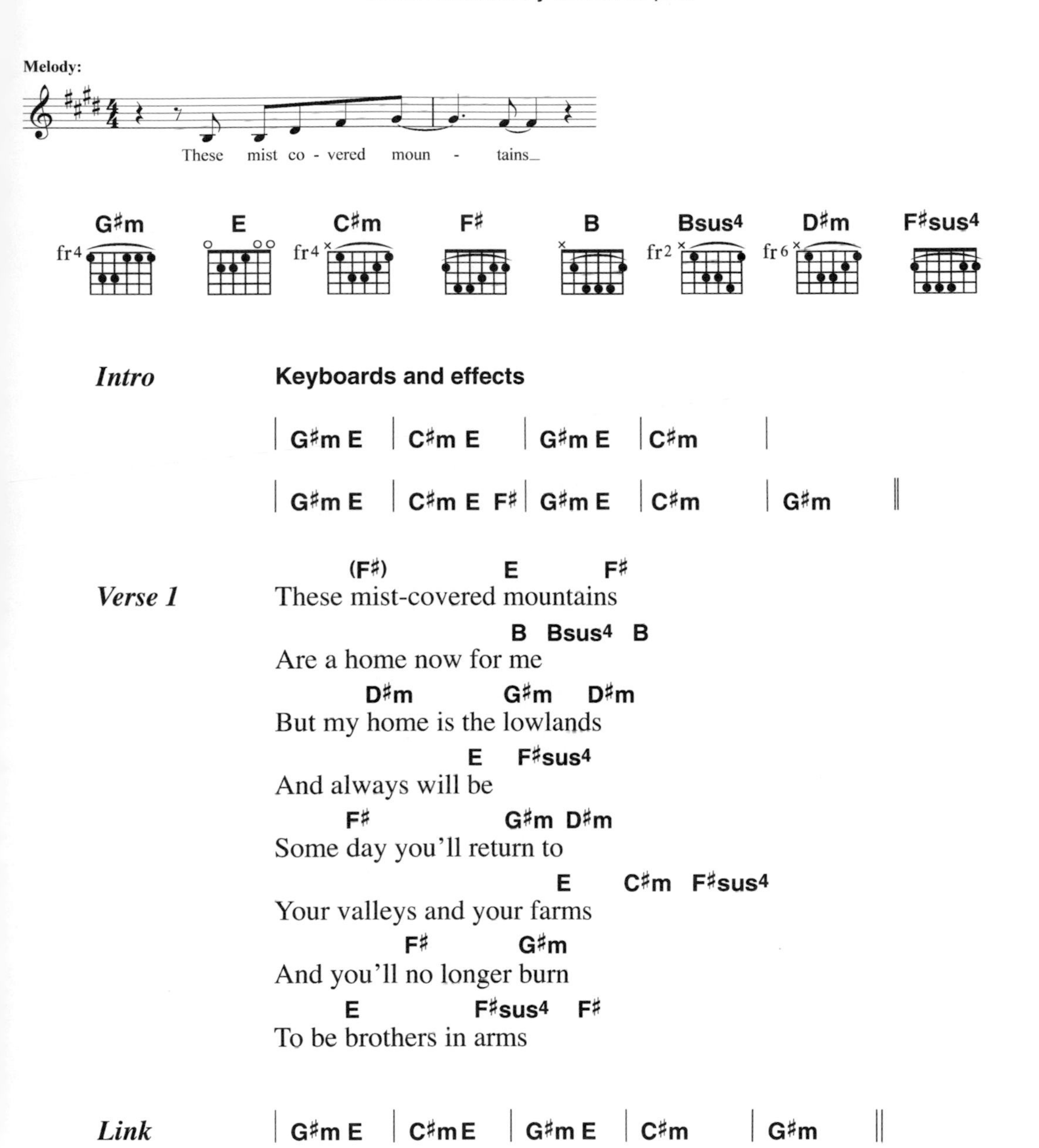

Intro **Keyboards and effects**

| G♯m E | C♯m E | G♯m E | C♯m | |

| G♯m E | C♯m E F♯ | G♯m E | C♯m | G♯m ||

Verse 1

```
      (F♯)          E        F♯
These mist-covered mountains
                            B  Bsus4  B
Are a home now for me
           D♯m            G♯m    D♯m
But my home is the lowlands
                         E     F♯sus4
And always will be
         F♯                G♯m D♯m
Some day you'll return to
                              E      C♯m   F♯sus4
Your valleys and your farms
                 F♯          G♯m
And you'll no longer burn
        E           F♯sus4    F♯
To be brothers in arms
```

Link | G♯m E | C♯m E | G♯m E | C♯m | G♯m ||

Verse 2

```
                  (F♯)               E        F♯
Through these fields of des - truction
               B    Bsus4  B
Baptisms of fire
     D♯m                   G♯m    D♯m
I've watched all your suffering
                            E     F♯sus4
As the battles raged higher
     F♯                        G♯m    D♯m
And though they did hurt me so bad
                     E     C♯m   F♯sus4
In the fear and a - larm
     F♯             G♯m
You did not de - sert me
     E             F♯sus4   F♯
My brothers in arms
```

Link

```
| G♯m E | C♯m E | G♯m E | C♯m | G♯m ||
```

Middle

```
G♯m            F♯                G♯m
   There's so many different worlds
F♯    B                   E      F♯sus4
   So many different suns
     F♯                G♯m
And we have just one world
F♯          B                    E
   But we live in different ones
```

Solo 1

```
| G♯m E | C♯m E    | G♯m E | C♯m |
| G♯m E | C♯m E F♯ | G♯m E | C♯m | G♯m ||
```

Verse 3

```
                F♯                   E      F♯
Now the sun's gone to hell
                                      B       Bsus4  B
And the moon's riding high
              D♯m               G♯m D♯m
Let me bid you farewell
                                   E     F♯sus4
Every man has to die
              F♯                G♯m  D♯m
But it's written in the star - light
                                        E    C♯m   F♯sus4
And every line on your palm
            F♯                G♯m
We're fools to make war
              E              F♯sus4 F♯
On our brothers in arms
```

Solo 2

```
||: G♯m E  | C♯m  E      | G♯m E  | C♯m   |
|  G♯m E  | C♯m  E  F♯ | G♯m E  | C♯m  :||
```

Play 4 times then fade

The Bug

Words & Music by Mark Knopfler

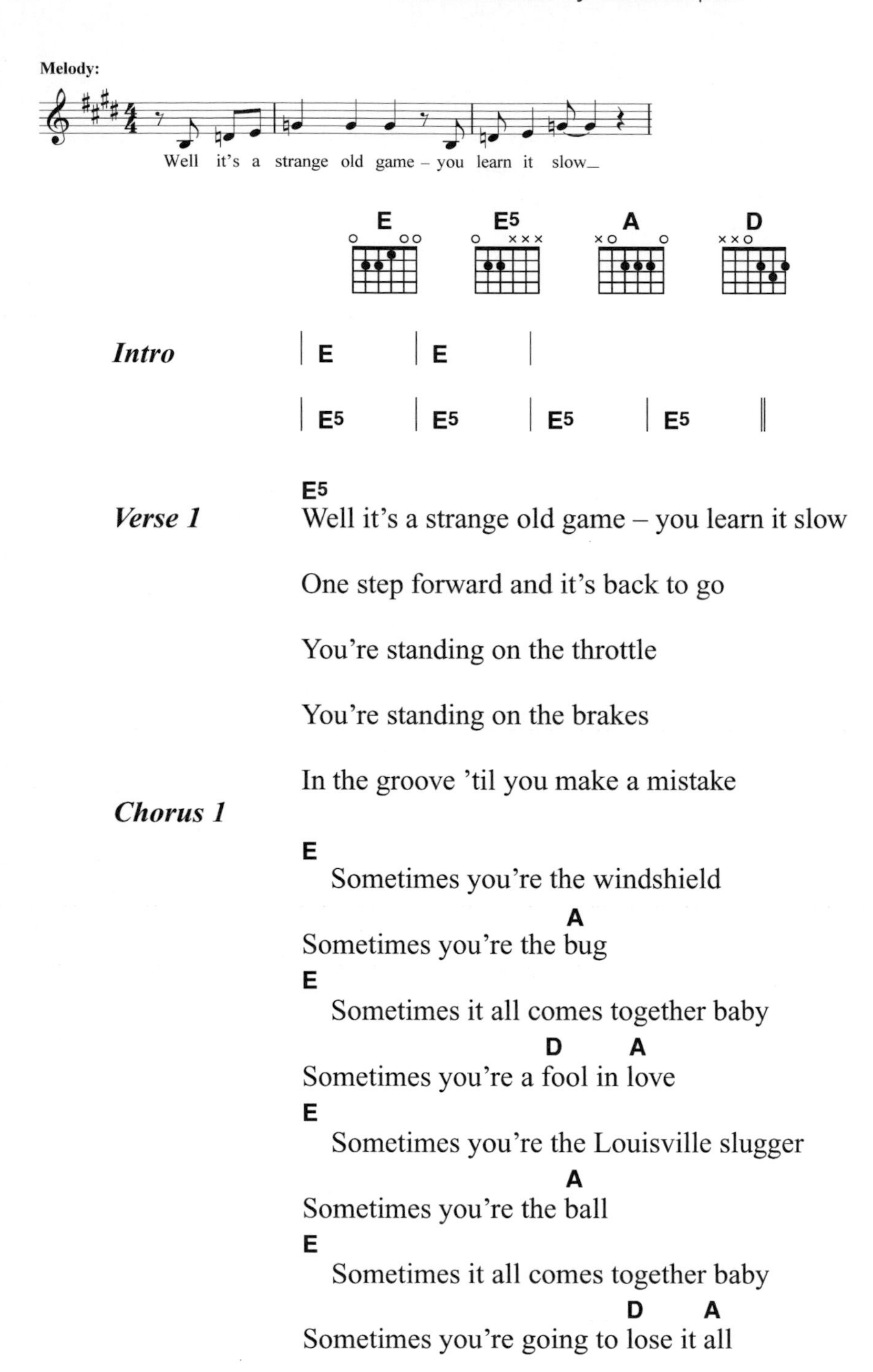

Intro | E | E |
| E5 | E5 | E5 | E5 ||

Verse 1

```
E5
Well it's a strange old game – you learn it slow
One step forward and it's back to go
You're standing on the throttle
You're standing on the brakes
In the groove 'til you make a mistake
```

Chorus 1

```
E
   Sometimes you're the windshield
                        A
Sometimes you're the bug
E
   Sometimes it all comes together baby
                    D       A
Sometimes you're a fool in love
E
   Sometimes you're the Louisville slugger
                        A
Sometimes you're the ball
E
   Sometimes it all comes together baby
                             D      A
Sometimes you're going to lose it all
```

Link 1	| E5	| E5	| E5	| E5 D A ‖

Verse 2

E5
You gotta know happy – you gotta know glad
Because you're gonna know lonely
And you're gonna know bad
When you're rippin' and a ridin'
And you're coming on strong
You start slippin' and a slidin'
And it all goes wrong, because

Chorus 2 As Chorus 1

Link 2	‖: E5	| E5	| E5	| E5 D A :‖

Verse 3

E5
One day you got the glory
Then you got none
One day you're a diamond
And then you're a stone
Everything can change
In the blink of an eye
So let the good times roll
Before we say goodbye, because

Chorus 3

```
   E
‖: Sometimes you're the windshield
                       A
Sometimes you're the bug
E
   Sometimes it all comes together baby
                    D      A
Sometimes you're a fool in love
E
   Sometimes you're the Louisville slugger baby
                       A
Sometimes you're the ball
E
   Sometimes it all comes together baby
                          D      A
Sometimes you're going to lose it all :‖
```

Outro

‖: E5 | E5 | E5 | E5 D A :‖ *Play 5 times*

Calling Elvis

Words & Music by Mark Knopfler

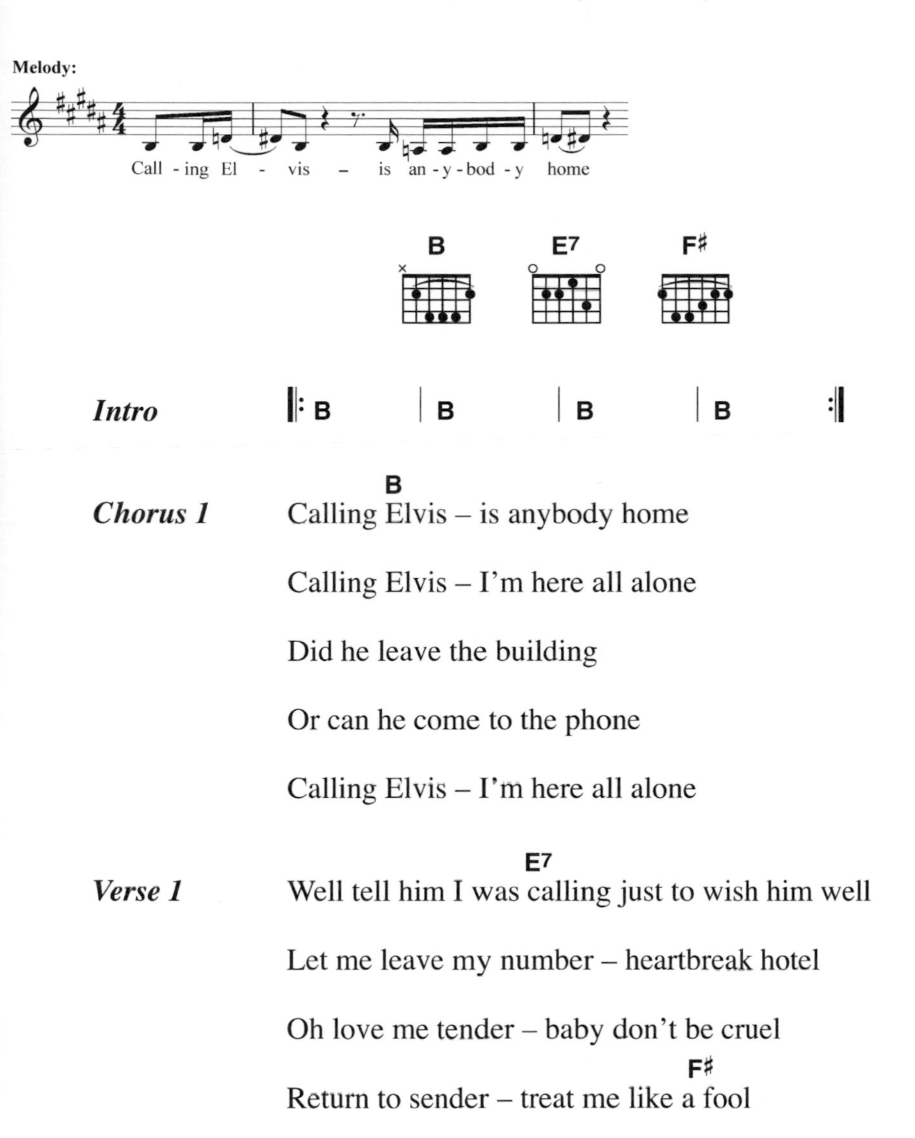

Intro | B | B | B | B |

Chorus 1

B
Calling Elvis – is anybody home
Calling Elvis – I'm here all alone
Did he leave the building
Or can he come to the phone
Calling Elvis – I'm here all alone

Verse 1

E7
Well tell him I was calling just to wish him well
Let me leave my number – heartbreak hotel
Oh love me tender – baby don't be cruel
F♯
Return to sender – treat me like a fool

Chorus 2 — B
Calling Elvis – is anybody home

Calling Elvis – I'm here all alone

Did he leave the building

Can he come to the phone

Calling Elvis – I'm here all alone

Solo 1 ‖: B | B | B | B :‖

Chorus 3 — B
Why don't you go get him – I'm his biggest fan

You gotta tell him – he's still the man

Long distance baby – so far from home

Don't you think maybe you could put him on

Verse 2 Well tell him I was (E7) calling just to wish him well

Let me leave my number – heartbreak hotel

Oh love me tender – baby don't be cruel

Return to sender – treat me like a (F♯) fool

Chorus 4 Calling (B) Elvis – is anybody home

Calling Elvis – I'm here all alone

Did he leave the building

Can he come to the phone

Calling Elvis – I'm here all alone

Solo 2 | N.C. | N.C. |

|: B | B | B | B :| *Play 3 times*

Chorus 5 As Chorus 4

Coda |: B | B | B | B :| *Repeat to fade*

Communiqué

Words & Music by Mark Knopfler

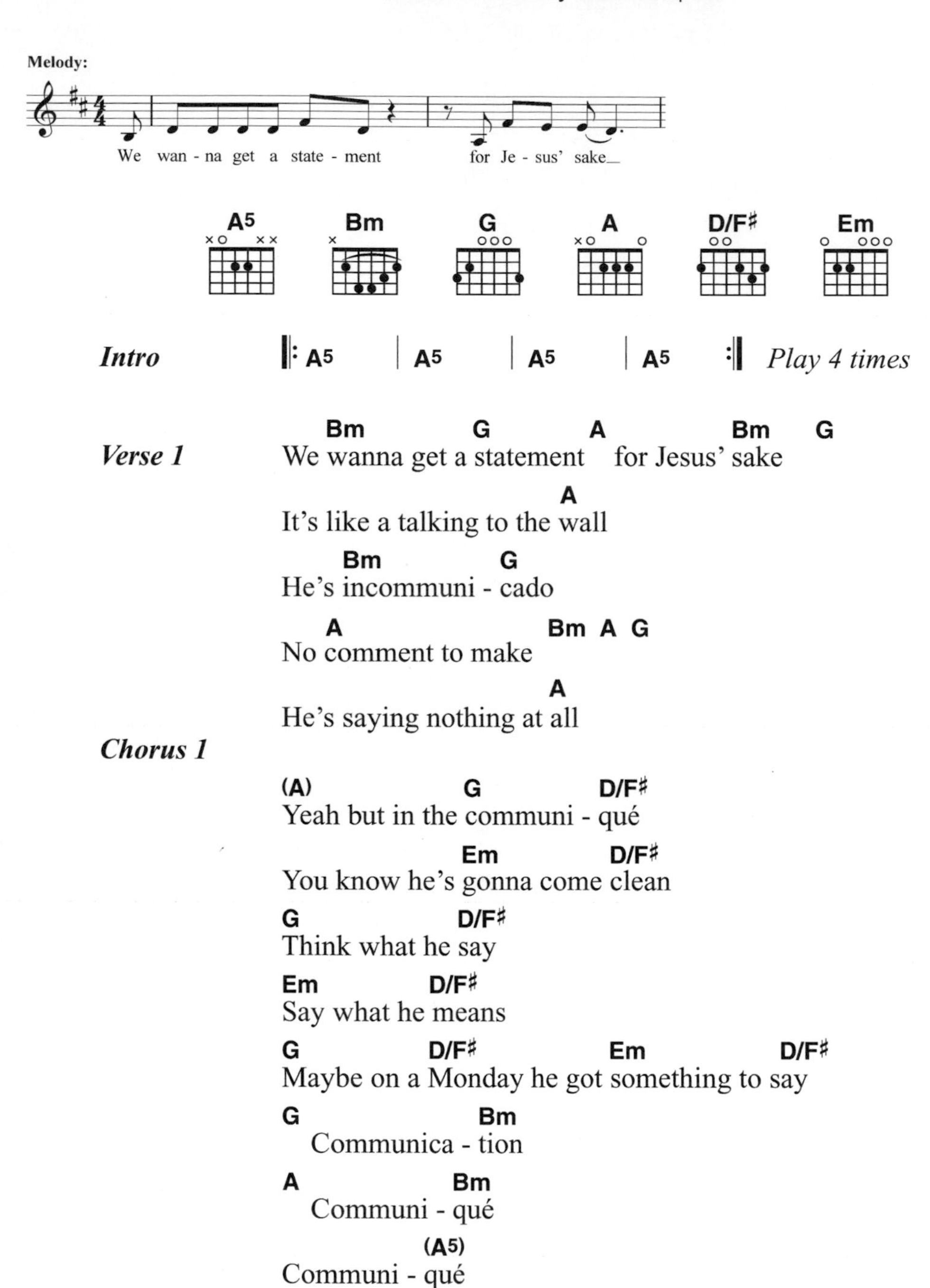

Intro | 𝄆 A5 | A5 | A5 | A5 𝄇 *Play 4 times*

Verse 1

```
Bm                G              A           Bm       G
We wanna get a statement    for Jesus' sake
                                    A
It's like a talking to the wall
     Bm              G
He's incommuni - cado
     A                         Bm  A  G
No comment to make
                                 A
He's saying nothing at all
```

Chorus 1

```
(A)                    G                D/F♯
Yeah but in the communi - qué
                       Em               D/F♯
You know he's gonna come clean
G                  D/F♯
Think what he say
Em              D/F♯
Say what he means
G               D/F♯                Em                 D/F♯
Maybe on a Monday he got something to say
G                       Bm
   Communica - tion
A                    Bm
   Communi - qué
                  (A5)
Communi - qué
```

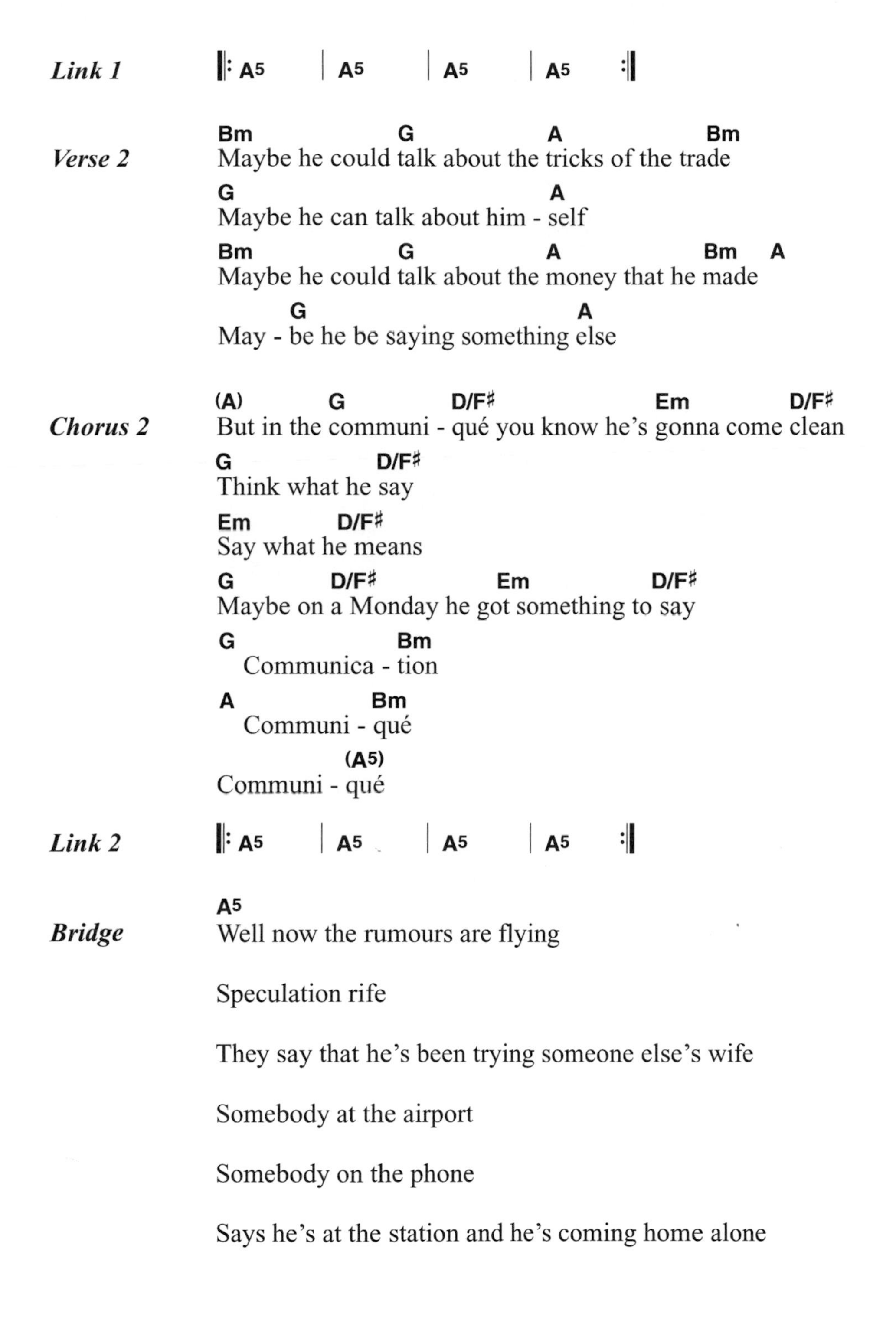

Link 1 ‖: A5 | A5 | A5 | A5 :‖

Verse 2

Bm G A Bm
Maybe he could talk about the tricks of the trade
G A
Maybe he can talk about him - self
Bm G A Bm A
Maybe he could talk about the money that he made
G A
May - be he be saying something else

Chorus 2

(A) G D/F♯ Em D/F♯
But in the communi - qué you know he's gonna come clean
G D/F♯
Think what he say
Em D/F♯
Say what he means
G D/F♯ Em D/F♯
Maybe on a Monday he got something to say
G Bm
Communica - tion
A Bm
Communi - qué
(A5)
Communi - qué

Link 2 ‖: A5 | A5 | A5 | A5 :‖

Bridge

A5
Well now the rumours are flying

Speculation rife

They say that he's been trying someone else's wife

Somebody at the airport

Somebody on the phone

Says he's at the station and he's coming home alone

Verse 3

```
Bm          G
Then we get the story
   A         Bm
The serious piece
     G                              A
And a photograph a taken in the hall
   Bm                  G               A            Bm
And you don't have to worry with the previous re - lease
A          G                        A
Right now     he's saying nothing at all
```

Chorus 3

```
(A)           G            D/F♯                   Em           D/F♯
But in the communi - qué you know he's gonna come clean
G                D/F♯
Think what he say
Em             D/F♯
Say what he mean
G              D/F♯                  Em             D/F♯
Maybe on a Monday he'll have something to say
G                Bm
Communica - tion
A                Bm
   Communi - qué
               (A5)
Communi - qué
```

Outro 𝄆 A5 | A5 | A5 | A5 𝄇 *Play 16 times to fade*

Eastbound Train

Words & Music by Mark Knopfler

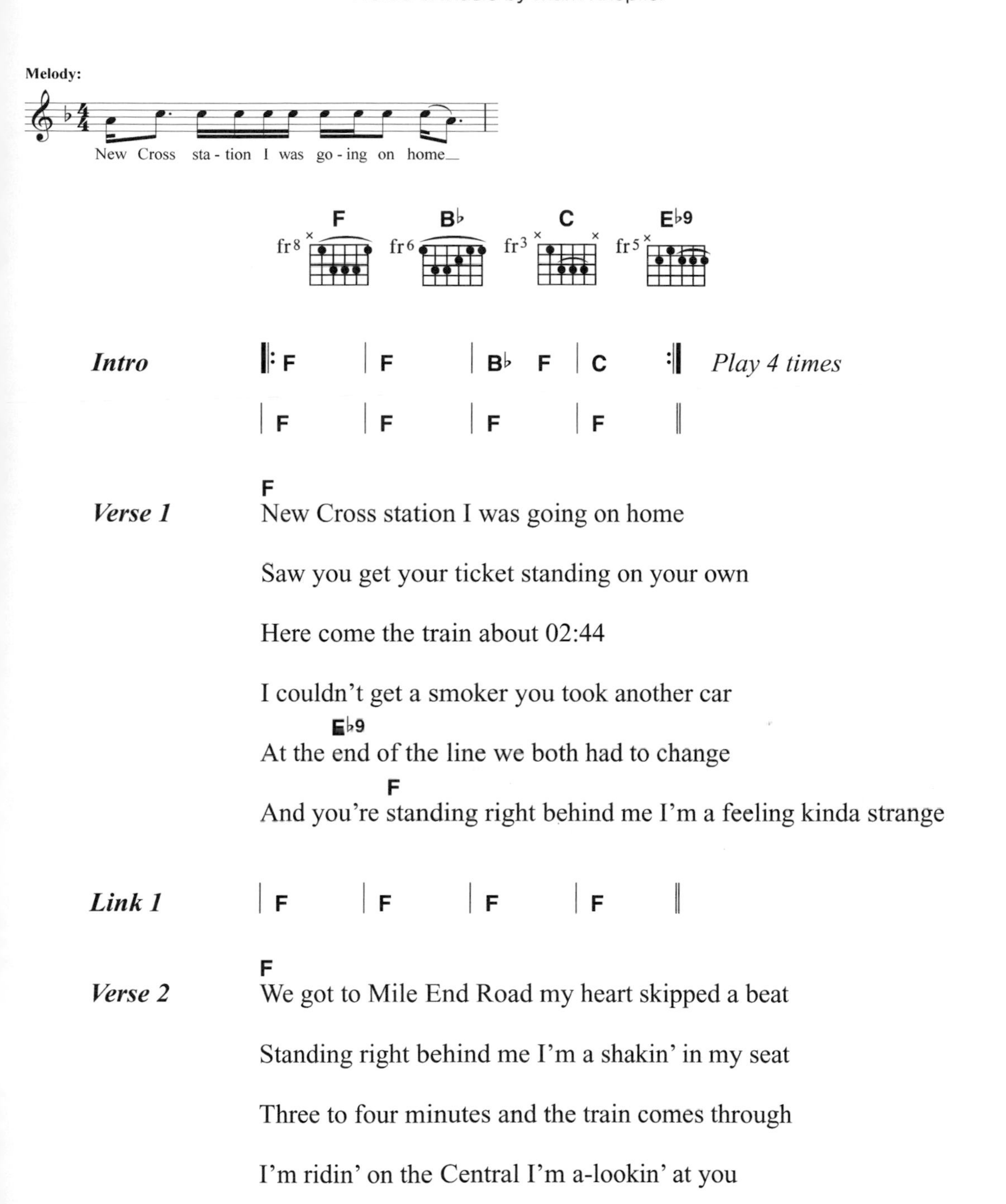

Intro | |: F | F | B♭ F | C :| *Play 4 times*
| F | F | F | F ||

Verse 1

F
New Cross station I was going on home
Saw you get your ticket standing on your own
Here come the train about 02:44
I couldn't get a smoker you took another car
E♭9
At the end of the line we both had to change
F
And you're standing right behind me I'm a feeling kinda strange

Link 1 | F | F | F | F ||

Verse 2

F
We got to Mile End Road my heart skipped a beat
Standing right behind me I'm a shakin' in my seat
Three to four minutes and the train comes through
I'm ridin' on the Central I'm a-lookin' at you

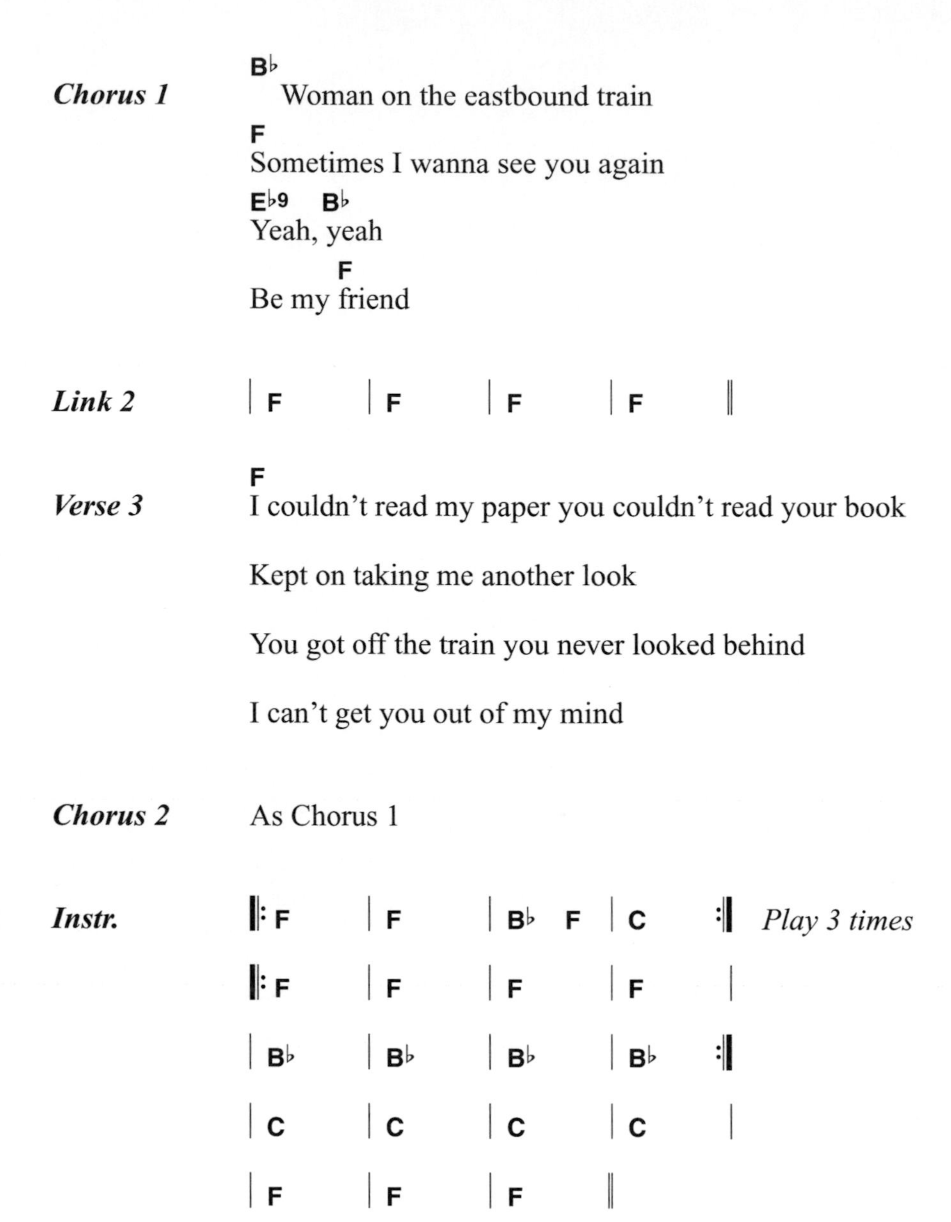
Chorus 1
B♭
Woman on the eastbound train
F
Sometimes I wanna see you again
E♭9 B♭
Yeah, yeah
F
Be my friend
Link 2
| F | F | F | F ||
Verse 3
F
I couldn't read my paper you couldn't read your book
Kept on taking me another look
You got off the train you never looked behind
I can't get you out of my mind
Chorus 2
As Chorus 1
Instr.
|: F | F | B♭ F | C :| Play 3 times
: F	F	F	F
B♭	B♭	B♭	B♭ :
C	C	C	C
F	F	F	

Verse 4

F
Well I got one more thing I wanna say before I go

If you get the message on the radio

You can write me a letter, get in touch with me

You can always leave your number with the company

Chorus 3

B♭
Woman on the eastbound train

F
Sometimes I wanna see you again

E♭9 B♭
Yeah, yeah

F
Be my friend *To fade*

Down To The Waterline

Words & Music by Mark Knopfler

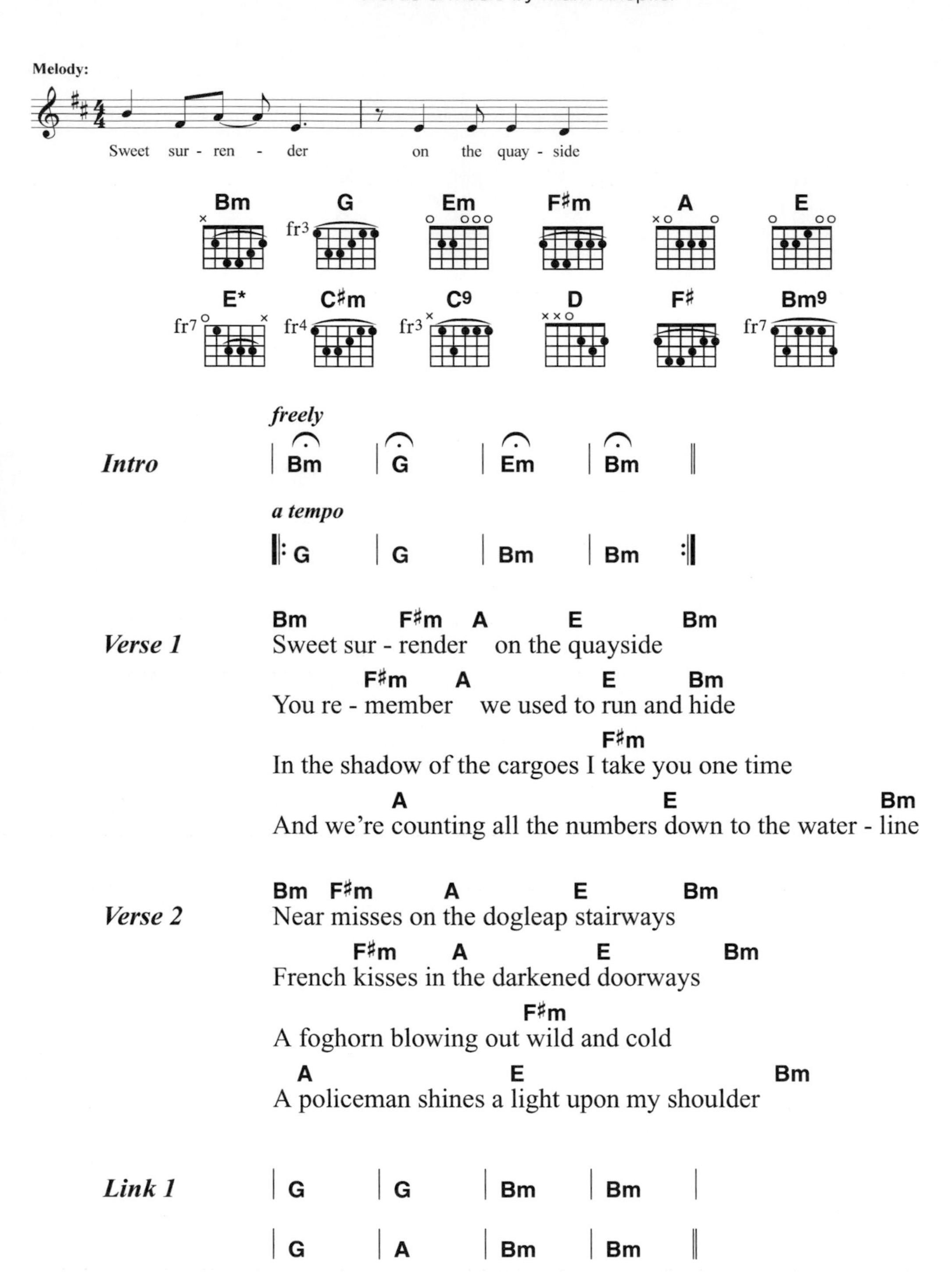

Verse 3

Bm F♯m A E Bm
Up comes a coaster fast and silent in the night
F♯m A E Bm
Over my shoulder all you can see are the pilot lights
F♯m
No money in our jackets and our jeans are torn
A E Bm
Your hands are cold but your lips are warm

Solo

G	G	Bm	Bm
G	A	E*	C♯m	C9	C9
G	G	C9	C9
D	D	A	A
F♯	F♯	G	A	

Verse 4

(A) Bm F♯m A E Bm
She can see him on the jetty where they used to go
F♯m A E Bm
She can feel him in the places where the sailors go
F♯m
When she's walking by the river and the railway line
A
She can still hear him whisper
E Bm
Let's go down to the waterline

Outro

G	G	Bm	Bm
G	A	Bm	Bm
G	G	Bm	Bm
G	A	Bm9	

Expresso Love

Words & Music by Mark Knopfler

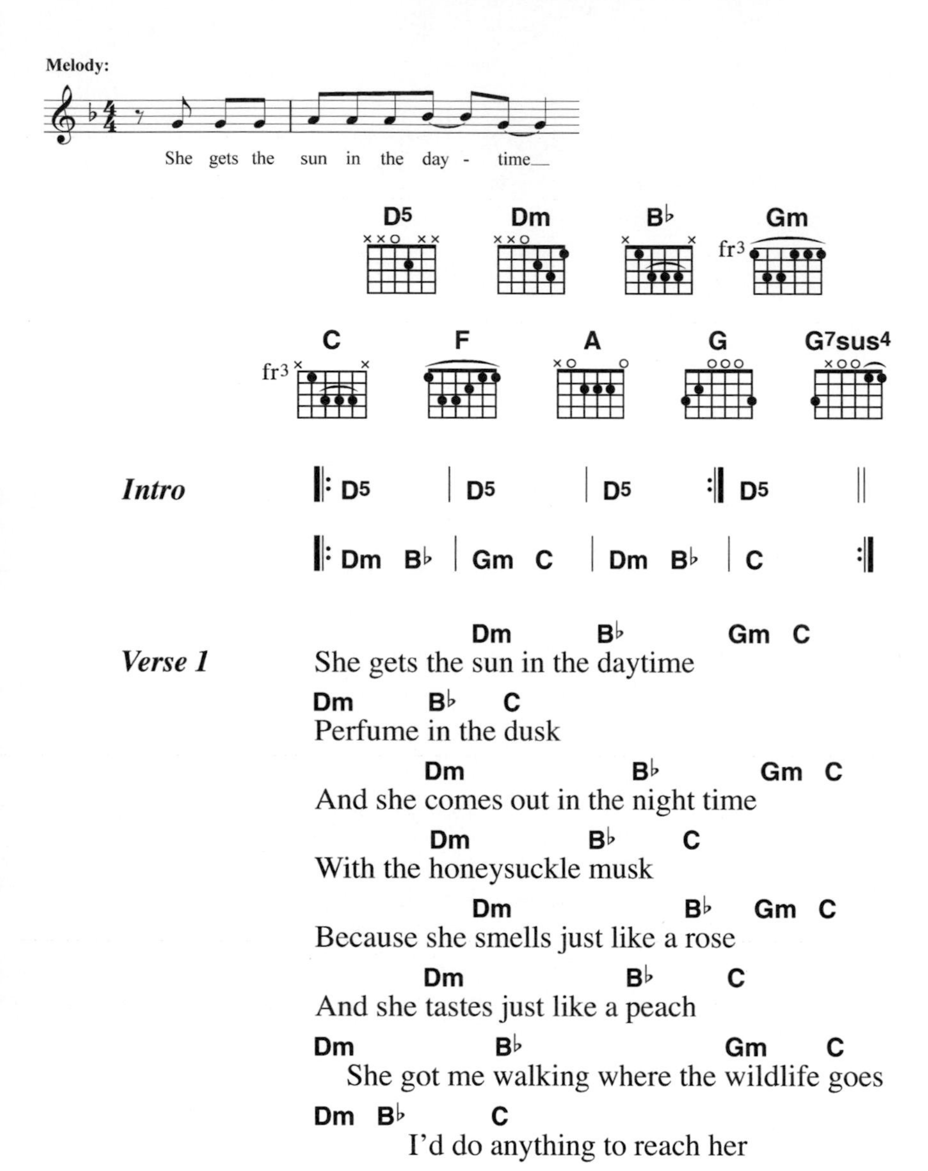

Intro

| D5 | D5 | D5 :| D5 ||

|: Dm B♭ | Gm C | Dm B♭ | C :|

Verse 1

```
            Dm          B♭          Gm   C
She gets the sun in the daytime
Dm          B♭     C
Perfume in the dusk
               Dm                 B♭          Gm   C
And she comes out in the night time
               Dm              B♭        C
With the honeysuckle musk
                    Dm                 B♭   Gm   C
Because she smells just like a rose
               Dm                 B♭        C
And she tastes just like a peach
Dm                 B♭                         Gm        C
   She got me walking where the wildlife goes
Dm   B♭           C
        I'd do anything to reach her
```

Chorus 1

```
F
   And she was made in heaven
C  B♭                        C
     Heaven's in the world
F
     She was made in heaven
C  B♭
     Heaven's in the world

A                   B♭
   Is this just expresso love
                    G
You know I'm    crazy for the girl
        G7sus4
(Just-a   crazy for the girl)
```

Verse 2

```
Dm  B♭     Gm                C
         She call me just to talk
            Dm               B♭              C
She's my lover  she's a friend of mine
           Dm     B♭                Gm            C
She says  hey   mister  do you wanna take a walk
        Dm          B♭   C
In the wild west end   sometime
            Dm                  B♭          Gm
And I get trouble with my breathing
C            Dm                  B♭          C
   She says boys don't know anything
     Dm               B♭     Gm          C
But I know what I want,    (I wan - na tease her)
Dm  B♭ C                 F
        I want every - thing
```

Chorus 2 As Chorus 1

Middle

```
A
   Well I feel so good cos I feel so good
       F
And I feel so good cos it feels so right
C
   I was made to go with my girl
            B♭                      C
Just like a saxophone was made   to go with the night
```

Solo ‖: Dm B♭ | Gm C | Dm B♭ | C :‖ *Play 4 times*

Verse 3

Dm B♭ Gm C
And she can raise one eyebrow
Dm B♭ C
Put her hand on my hip
Dm B♭ Gm C
And I close one eye now
Dm B♭ C
Sweat on her lip

Dm B♭ Gm
And I sur - render to the fever
C Dm B♭ C
I sur - render to the will of the night
Dm B♭ Gm C
She love me so tender I got to believe her
Dm B♭ C
Love? Expresso love's alright

Chorus 3

F
Cos she was made in heaven
C B♭ C
Heaven's in the world
F
Oh she was made in heaven
C B♭
Heaven's in the world
A B♭
Is this expresso love
G
You know I'm crazy for the girl
G7sus4
(Just-a crazy for the girl)

Link ‖: Dm B♭ | Gm C | Dm B♭ | C :‖

Coda

```
            Dm                   B♭     Gm   C
I don't want no sugar in it
Dm                  B♭     C
Thank you very much
Dm          B♭          Gm        C
All wired up on it, all fired up on it
Dm   B♭                 C
   Expresso touch
```

Link ‖: Dm B♭ | Gm C | Dm B♭ | C :‖

Outro

```
Dm            B♭ Gm   C    Dm     B♭       C
Hey,  maestro,              expresso now
Dm              B♭    Gm   C        Dm      B♭    C
Hey,  maestro                 she said expresso
             Dm             B♭  Gm   C             Dm           B♭
Is this a - nother one                 just like the other one
               Dm             B♭    Gm
It's just a - nother one
C                   Dm         B♭         C
   Just like the other, other one          To fade
```

Fade To Black

Words & Music by Mark Knopfler

Melody:

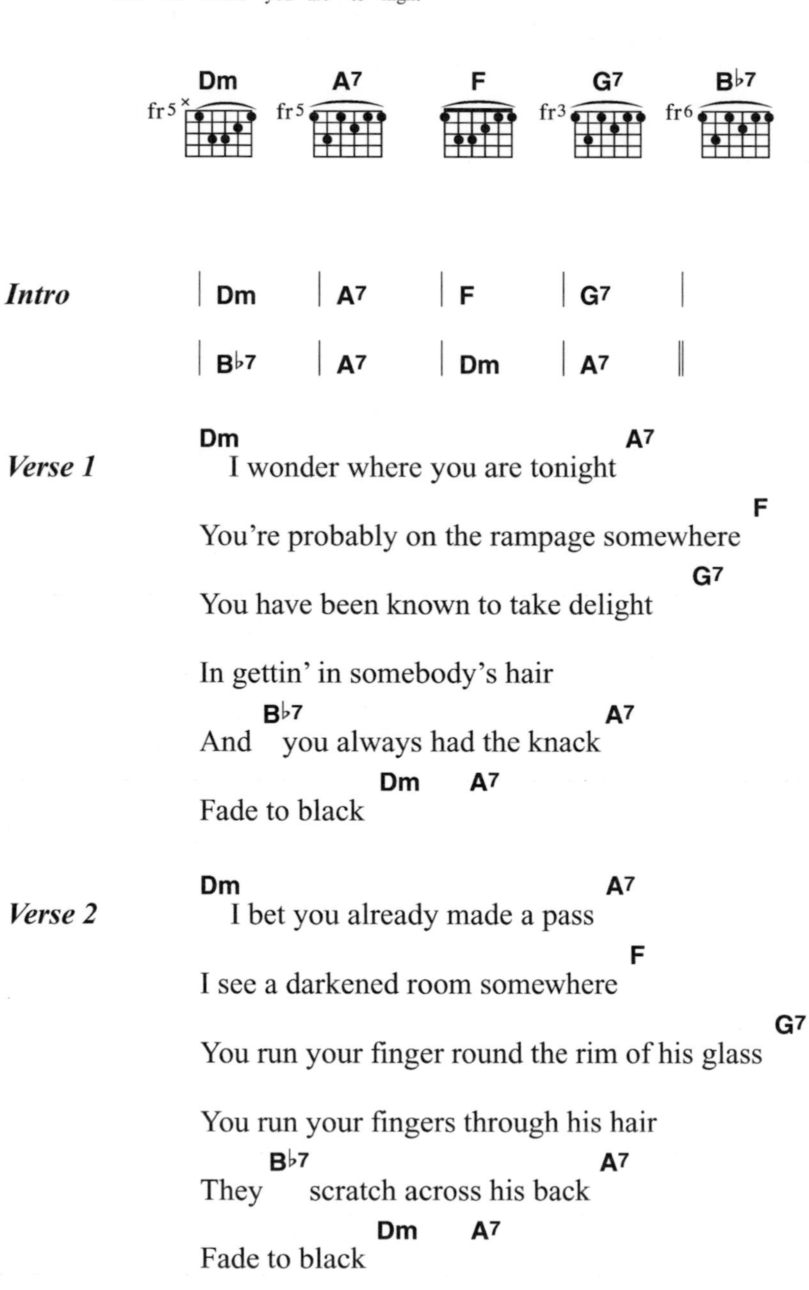

Intro

| Dm | A7 | F | G7 |

| B♭7 | A7 | Dm | A7 ||

Verse 1

Dm A7
I wonder where you are tonight
F
You're probably on the rampage somewhere
G7
You have been known to take delight
In gettin' in somebody's hair
B♭7 A7
And you always had the knack
Dm A7
Fade to black

Verse 2

Dm A7
I bet you already made a pass
F
I see a darkened room somewhere
G7
You run your finger round the rim of his glass
You run your fingers through his hair
B♭7 A7
They scratch across his back
Dm A7
Fade to black

Guitar solo

| Dm | A7 | F | G7 |

| B♭7 | A7 | Dm | A7 ||

Verse 3

Dm A7
Well maybe it's all for the best

F
But I wish I'd never been lassooed

G7
Maybe it's some kind of test

But I wish I'd never been tattooed

B♭7 A7
Or been to hell and back

Dm A7
Fade to black

Pedal steel solo

| Dm | A7 | F | G7 |

| B♭7 | A7 | Dm | A7 ||

Guitar solo

| Dm | A7 | F | G7 |

| B♭7 | A7 | Dm | A7 | Dm ||

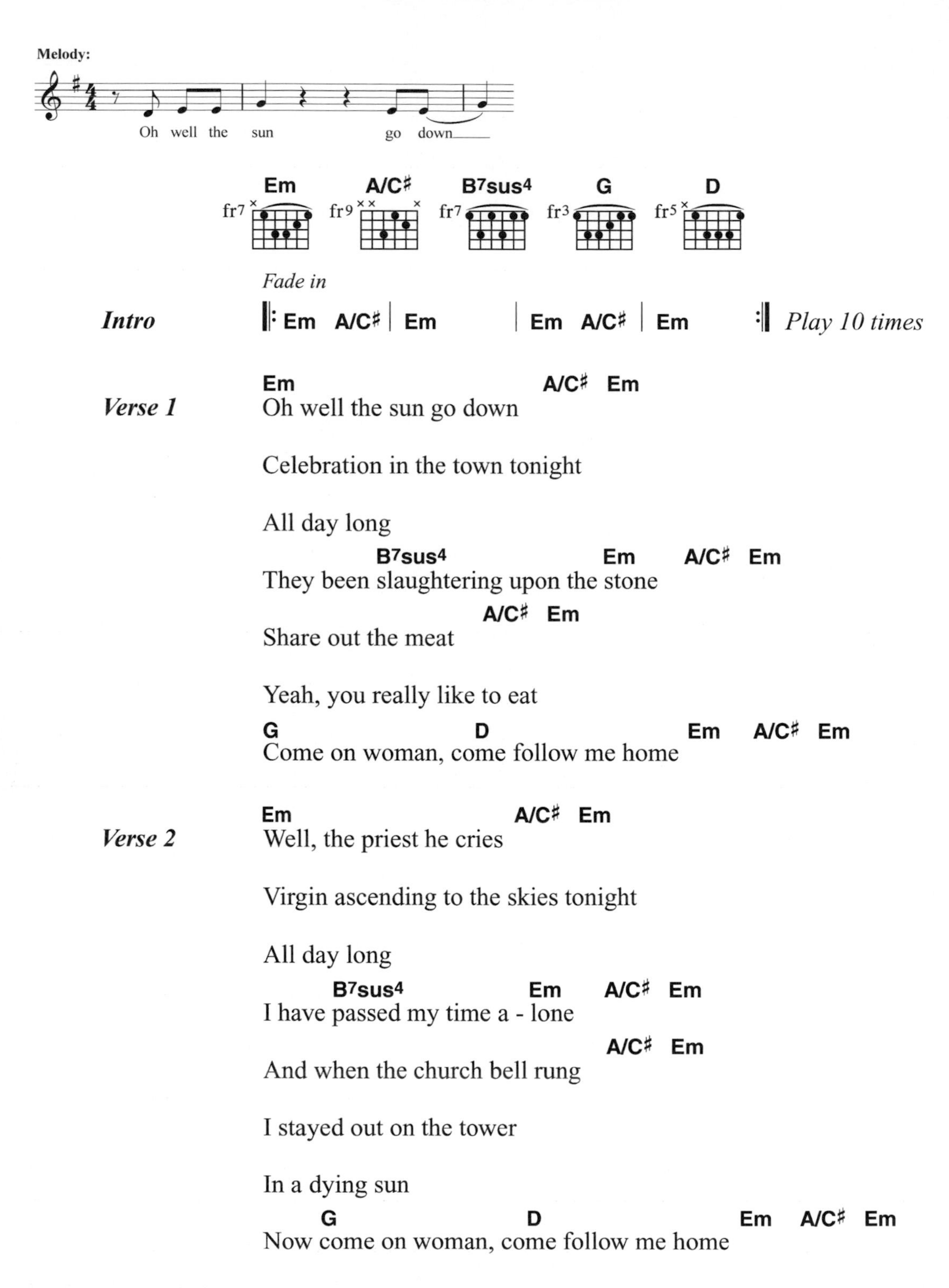

Follow Me Home

Words & Music by Mark Knopfler

Melody:

Em fr7 | A/C♯ fr9 | B7sus4 fr7 | G fr3 | D fr5

Fade in

Intro ‖: Em A/C♯ | Em | Em A/C♯ | Em :‖ *Play 10 times*

Verse 1

```
Em                              A/C♯  Em
Oh well the sun go down

Celebration in the town tonight

All day long
             B7sus4                Em       A/C♯  Em
They been slaughtering upon the stone
                         A/C♯  Em
Share out the meat

Yeah, you really like to eat
G                      D                    Em     A/C♯  Em
Come on woman, come follow me home
```

Verse 2

```
Em                           A/C♯  Em
Well, the priest he cries

Virgin ascending to the skies tonight

All day long
        B7sus4               Em      A/C♯  Em
I have passed my time a - lone
                                 A/C♯  Em
And when the church bell rung

I stayed out on the tower

In a dying sun
      G                        D                    Em     A/C♯  Em
Now come on woman, come follow me home
```

Solo

Em	Em A/C♯	Em	Em
Em	B7sus4	Em A/C♯	Em
Em	Em A/C♯	Em	Em
G	D	Em	Em	

Verse 3

Em
Well I don't need no priest
A/C♯ Em
But I love all of the people

Yes, I share the feast
                                        B7sus4
So drink up my wine
                                        Em   A/C♯ Em
Yes and the song in my bones

I know the way
A/C♯ Em
I can see by the moonlight

Clear as the day
G   D   Em A/C♯ Em
Now come on woman, come follow me home

Outro

||: Em A/C♯ | Em | Em A/C♯ | Em :|| *Play 8 times to fade*

Going Home – Theme From 'Local Hero'

Music by Mark Knopfler

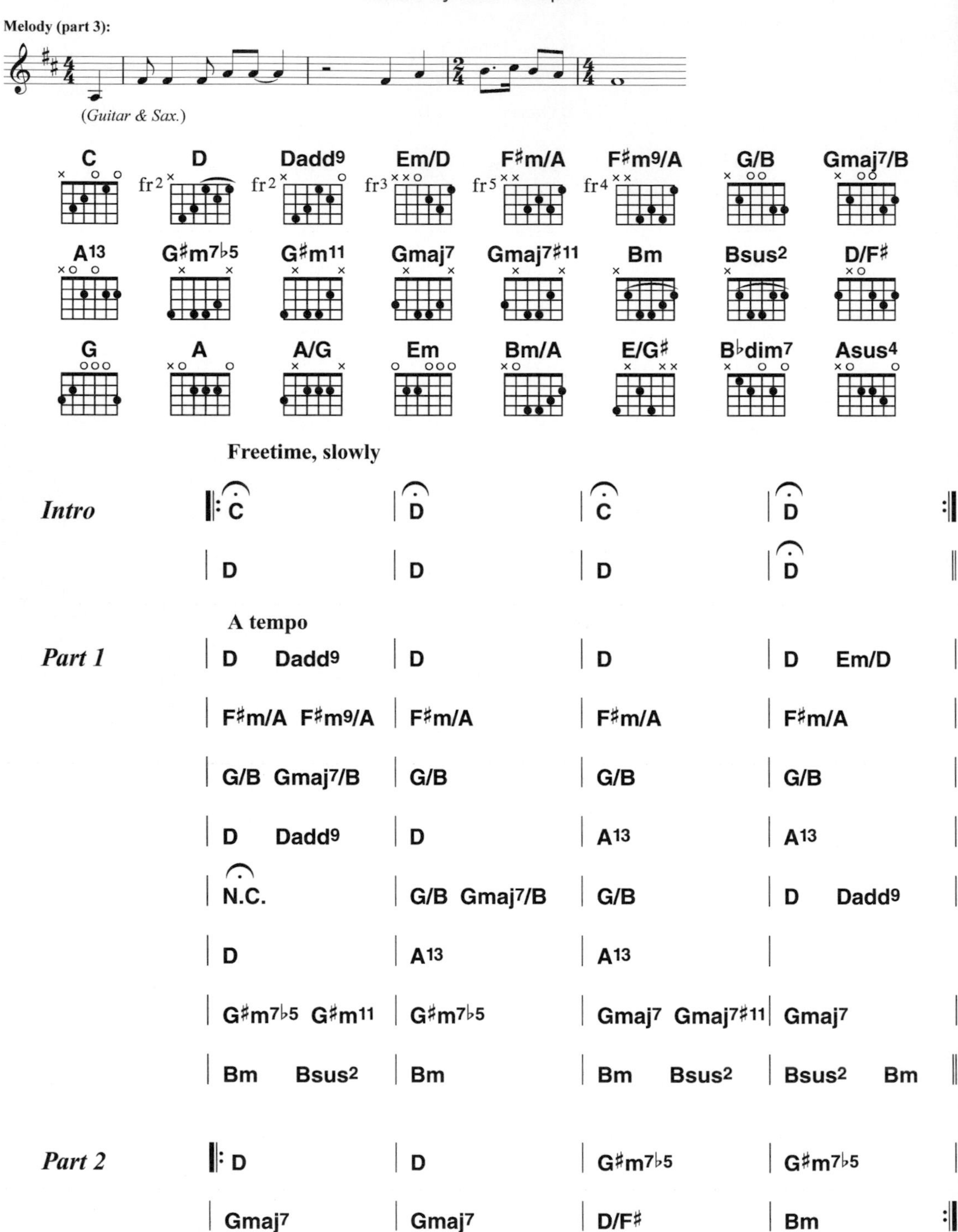

cont.				
	D	D	G♯m♭5	G♯m♭5
	Gmaj7	Gmaj7	Bm	Bm

Part 3				
	D	D	D	Bm D/F♯
	G	D	D	D
	D/F♯ G	A	A	A
	A/G	D/F♯	G	G
	Em	G A	D	D
	D	Bm D/F♯	G	D
	D	D	D/F♯ G	A
	A	A	A/G	D/F♯
	G	A	D	D

Part 4				
	Bm	Bm/A	G	D/F♯
	Em	D/F♯	G E/G♯	A B♭dim7
	Bm	Bm/A	G	D/F♯
	Em	D/F♯	G	Asus4
	Asus4	A	A	

Part 5				
	D	D	D	Bm D/F♯
	G	D	D	D
	D/F♯ G	A	A	A
	A/G	D/F♯	G	Asus4
	Asus4	G	G	G D/F♯ *slow down*
	Em Asus4	D		

Heavy Fuel

Words & Music by Mark Knopfler

Intro | E5 | E5 | E5 | E5 | *Play 4 times*

Verse 1

E5
Last time I was sober, man I felt bad

Worst hangover that I ever had

It took six hamburgers and scotch all night

Nicotine for breakfast just to put me right

Chorus 1

C
'Cos if you wanna run cool
D
If you wanna run cool
C D
If you wanna run cool, you got to run
E5
On heavy, heavy fuel
C
Heavy, heavy fuel
D
Heavy, heavy fuel

Link 1 | E5 | E5 | E5 | E5 |

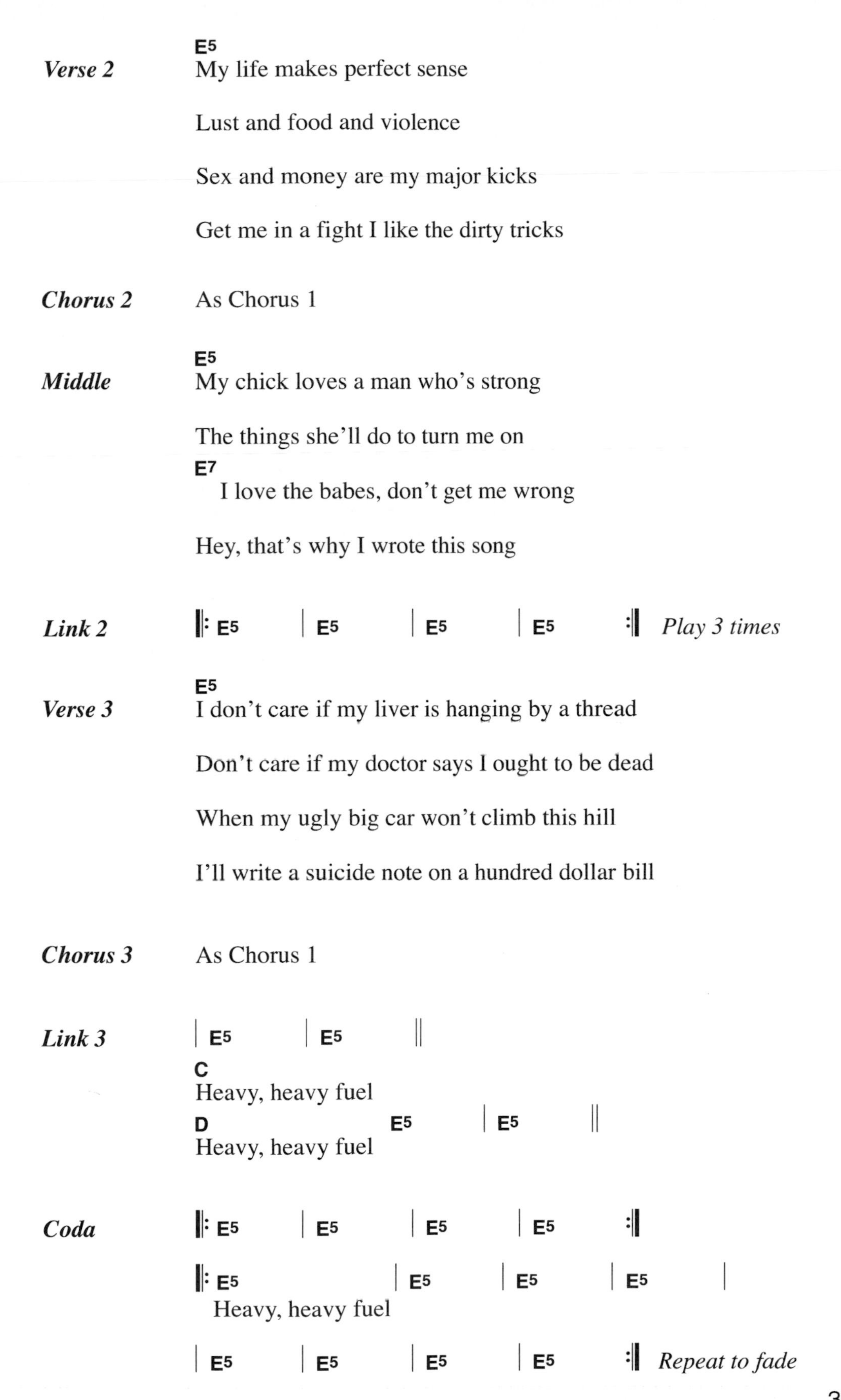

Verse 2

E5
My life makes perfect sense

Lust and food and violence

Sex and money are my major kicks

Get me in a fight I like the dirty tricks

Chorus 2

As Chorus 1

Middle

E5
My chick loves a man who's strong

The things she'll do to turn me on

E7
I love the babes, don't get me wrong

Hey, that's why I wrote this song

Link 2

‖: E5 | E5 | E5 | E5 :‖ *Play 3 times*

Verse 3

E5
I don't care if my liver is hanging by a thread

Don't care if my doctor says I ought to be dead

When my ugly big car won't climb this hill

I'll write a suicide note on a hundred dollar bill

Chorus 3

As Chorus 1

Link 3

| E5 | E5 ‖

C
Heavy, heavy fuel

D E5 | E5 ‖
Heavy, heavy fuel

Coda

‖: E5 | E5 | E5 | E5 :‖

‖: E5 | E5 | E5 | E5 |
Heavy, heavy fuel

| E5 | E5 | E5 | E5 :‖ *Repeat to fade*

How Long

Words & Music by Mark Knopfler

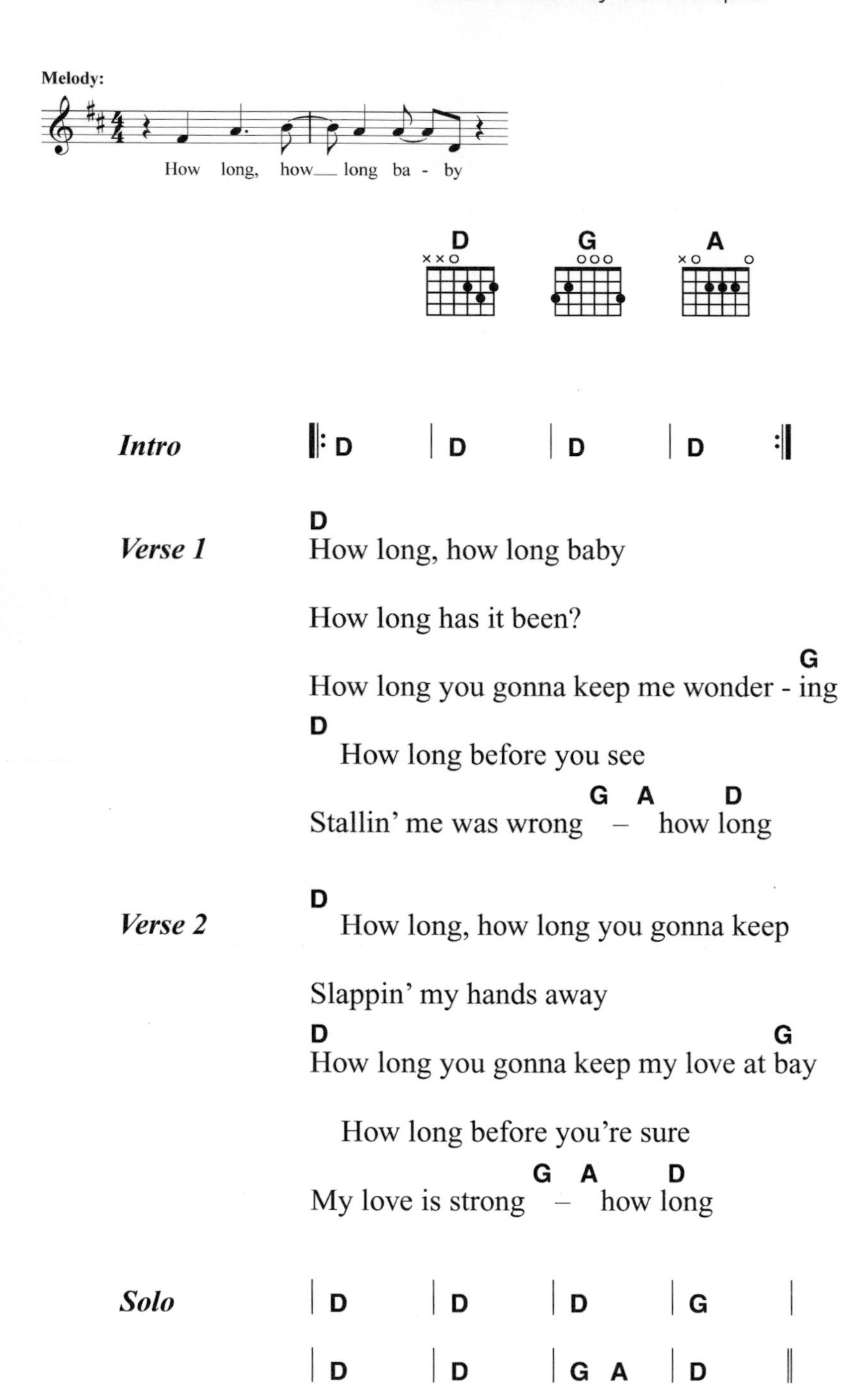

Intro ‖: D | D | D | D :‖

Verse 1

D
How long, how long baby

How long has it been?

G
How long you gonna keep me wonder - ing

D
How long before you see

G A D
Stallin' me was wrong – how long

Verse 2

D
How long, how long you gonna keep

Slappin' my hands away

D G
How long you gonna keep my love at bay

How long before you're sure

G A D
My love is strong – how long

Solo | D | D | D | G |

| D | D | G A | D ‖

```
             D
Verse 3      How long, how long you gonna keep

             Tellin' me you like me fine
                                                 G
             How long until I'm gonna make you mine
             D
               How long before you wake up
                D                      G  A
             And find a good man gone  –  how long
             G     A    D
             Gone  –  how long
             G     A    D
             Gone  –  how long


Solos        ||: D   | D   | D   | G   |

             | D     | D   | G A | D   :||  Play 16 times to fade
```

Hand In Hand

Words & Music by Mark Knopfler

Intro

𝄆 Cadd9 | Asus4 | Cadd9 | Asus4 𝄇

Verse 1

Cadd9 Asus4
The sky is crying the streets are full of tears
Cadd9 Asus4
Rain come down wash away my fears
Em
And all this writing on the wall
Am C G
Oh I can read between the lines
Cadd9 Asus4
Rain come down for - give this dirty town
Cadd9 Asus4
Rain come down and give this dirty town
Em Am C
A drink of water a drink of wine

Chorus 1

G Am F
If I been hard on you I never chose to be
Am F
I ne - ver wanted no one else
G Am Em Am G
I tried my best to be some - body you'd be close to
F G
Hand in hand like lovers are supposed to

```
             (G)         Cadd9              Asus4
*Verse 2*       As you'd sleep I'd think my heart would break in two
                       Cadd9               Asus4
             I'd kiss your cheek I'd stop my - self from waking you
                         Em
             But in the dark you'd speak my name
                                      Am     C  G
             you'd say baby what's wrong?
                 Cadd9                Asus4
             Oh, here I am baby I'm coming back for more
                        Cadd9              Asus4
             I'm like a wave that's got to roll into the shore
                      Em                                         Am        C
             Yes and if my love's in vain, how come my love is so    strong?

             G     Am          F                 G
Chorus 2     If I been hard on you   I never chose to be
                   Am                F
             I ne - ver wanted no one else
             G       Am                  Em           Am   G
               I tried my best to be some - body you'd be close to
             F                  G
             Hand in hand like lovers are supposed to
             (G)           D
             (Supposed to do)

Link 1       | D      | D      | D      | D      ||

Solo         | D      | D      | D      | D      |

             | C      | F      | F      | G      |

             | G      | G      | G      ||
```

Verse 3

```
          Cadd9                          Asus4
 Now you and me go parallel to - gether and apart
           Cadd9                               Asus4
And you keep your perfect distance, and it's tearing at my heart
              Em
Did you never feel the distance
                                Am   C  G
You never tried to cross no line
             Cadd9                      Asus4
Now it's an - other dirty river and an - other dirty scar
    Cadd9                                    Asus4
And I don't know who's kissing you and I don't know where you are
     Em                                 Am           C
So far   from home don't you think of me sometime
```

Chorus 3

```
G      Am           F
  If I been hard on you   I never chose to be
G     Am               F
 I ne - ver wanted no one else
G       Am                   Em            Am  G
  I tried my best to be some - body you'd be close to
F             G                       F  C
Hand in hand like lovers are supposed to
```

Chorus 4

As Chorus 1

Link

```
| G      | G      | G      | G      |
| Cadd9  | Asus4  | Cadd9  | Asus4  ||
```

Verse 4

```
Cadd9                      Asus4
  Sky is crying see the streets are full of tears
Cadd9                   Asus4
  Rain coming down to wash away my fears
            Em
And all this writing on the wall
                               Am
Oh I can read between the lines
```

If I Had You

Words & Music by Mark Knopfler

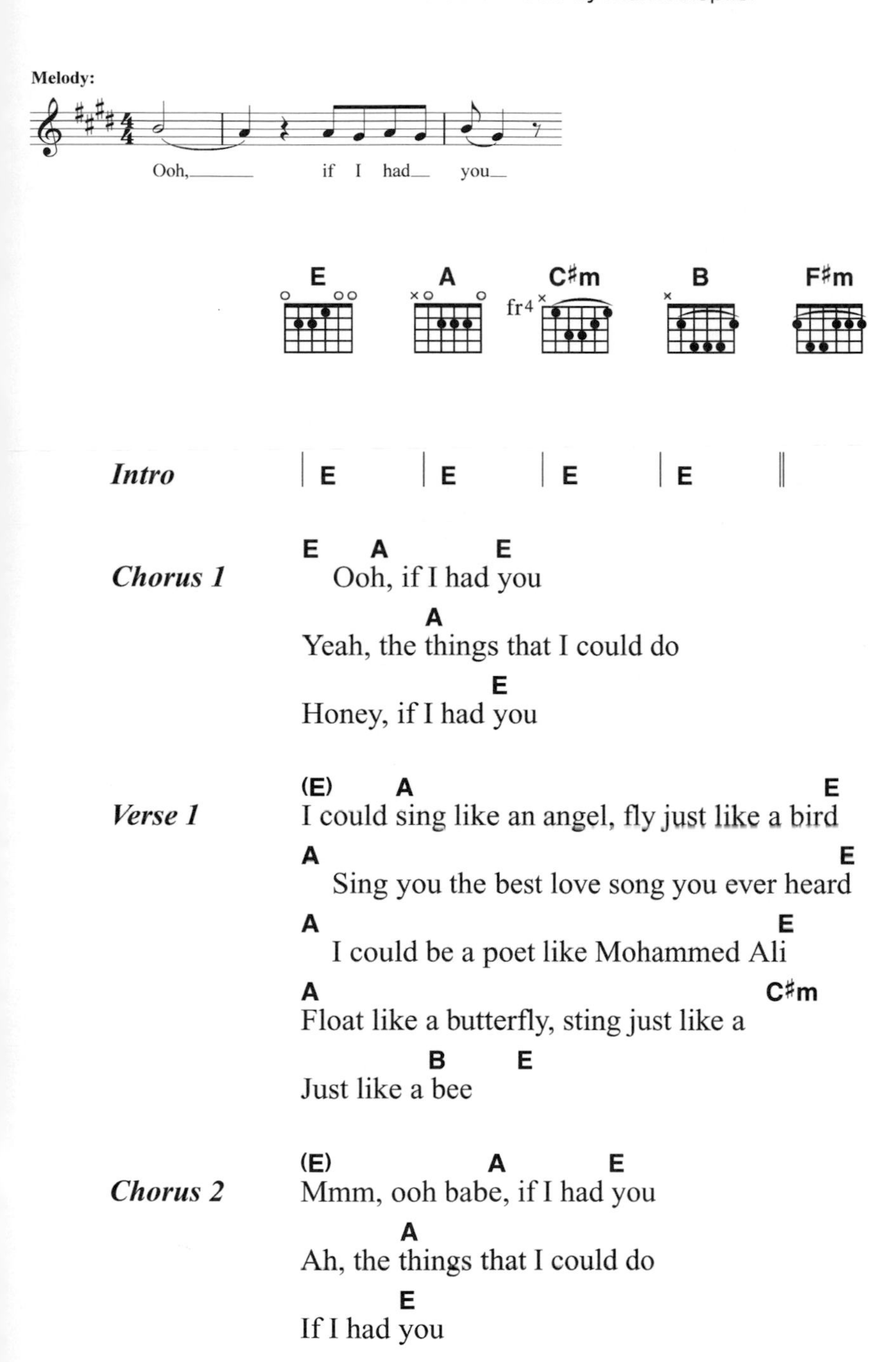


```
Intro          | E       | E       | E       | E       ||

               E     A         E
Chorus 1         Ooh, if I had you
                         A
               Yeah, the things that I could do
                                 E
               Honey, if I had you

               (E)     A                              E
Verse 1        I could sing like an angel, fly just like a bird
               A                                       E
                 Sing you the best love song you ever heard
               A                                    E
                 I could be a poet like Mohammed Ali
               A                                       C♯m
               Float like a butterfly, sting just like a
                         B      E
               Just like a bee

               (E)             A         E
Chorus 2       Mmm, ooh babe, if I had you
                         A
               Ah, the things that I could do
                         E
               If I had you
```

Verse 2

```
(E)       A                           E
Now I'd go get your name tattooed on my chest
             A                              E
Well it'd just say my baby, my baby, she's the best
A                                                     E
I could be your Superman, you could be my Lois Lane
A
I could be a Tarzan
                               C#m           B          E
You could be my sweet      Jane if you wanted to
```

Chorus 3

```
(E)       A        E
Mmm,    if I had you
            A
Ah the things that I could do
            E
If I had you

Yeah, one more time
```

Chorus 4

```
E     A        E
Ooh,     if I had you, only had you
               A                   E
Yeah, the things that I could do, oh boy
            E
If I had you
```

Bridge 1

```
N.C.                                E      A
So come on dance with me baby
                 E
Don't let me go
                                    A
Yeah, dance with me baby
                 E
Don't let me go
                          A             E
Baby don't let me,    don't let me
                 B
Don't let me go, oh no
F#m                                 E
   Don't let me, don't let me
                 B
Don't let me go
                             E
Don't let me go now
```

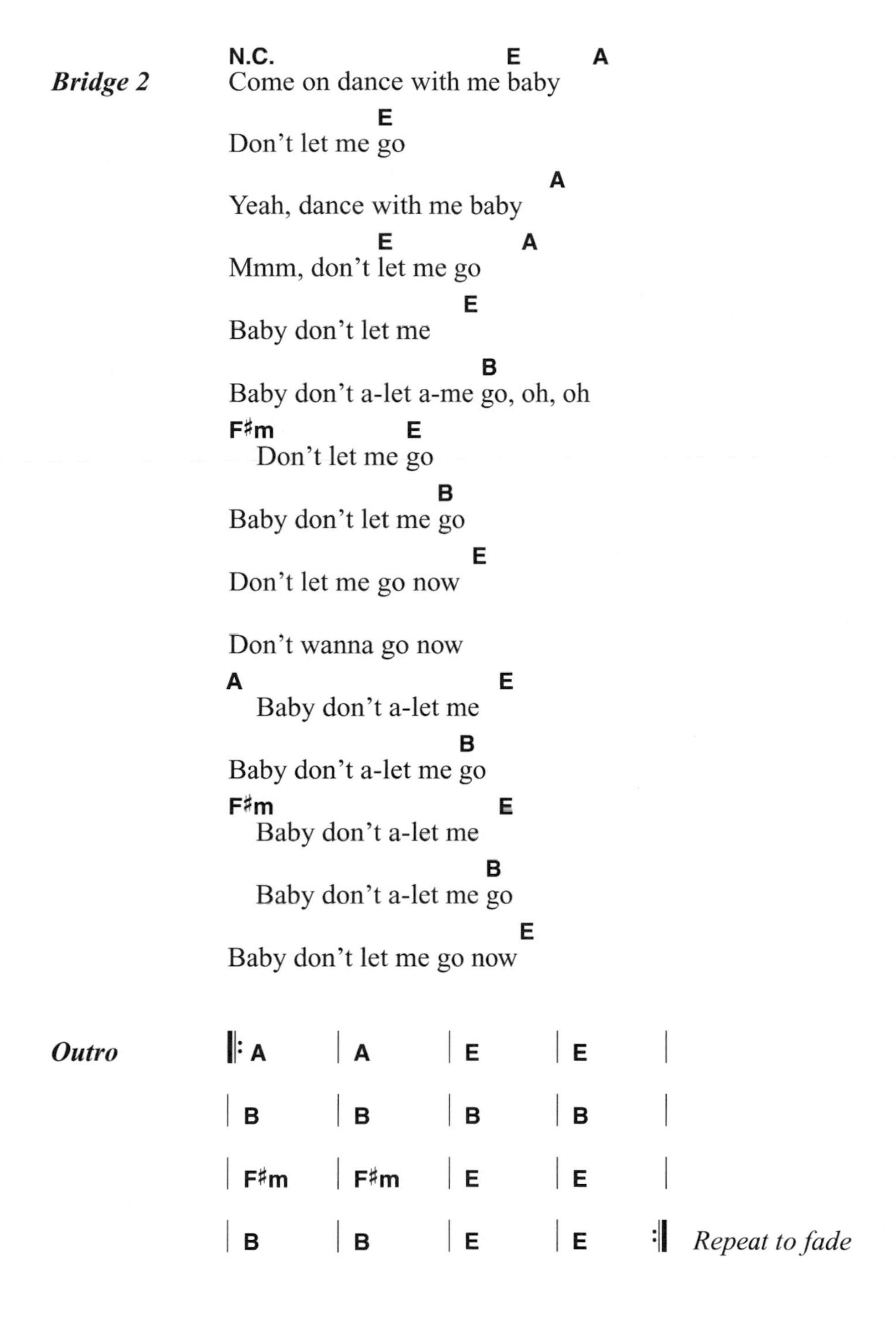
Bridge 2
N.C. E A
Come on dance with me baby
E
Don't let me go
A
Yeah, dance with me baby
E A
Mmm, don't let me go
E
Baby don't let me
B
Baby don't a-let a-me go, oh, oh
F♯m E
Don't let me go
B
Baby don't let me go
E
Don't let me go now
Don't wanna go now
A E
Baby don't a-let me
B
Baby don't a-let me go
F♯m E
Baby don't a-let me
B
Baby don't a-let me go
E
Baby don't let me go now
Outro
A | A | E | E
B | B | B | B
F♯m | F♯m | E | E
B | B | E | E
Repeat to fade

Industrial Disease

Words & Music by Mark Knopfler

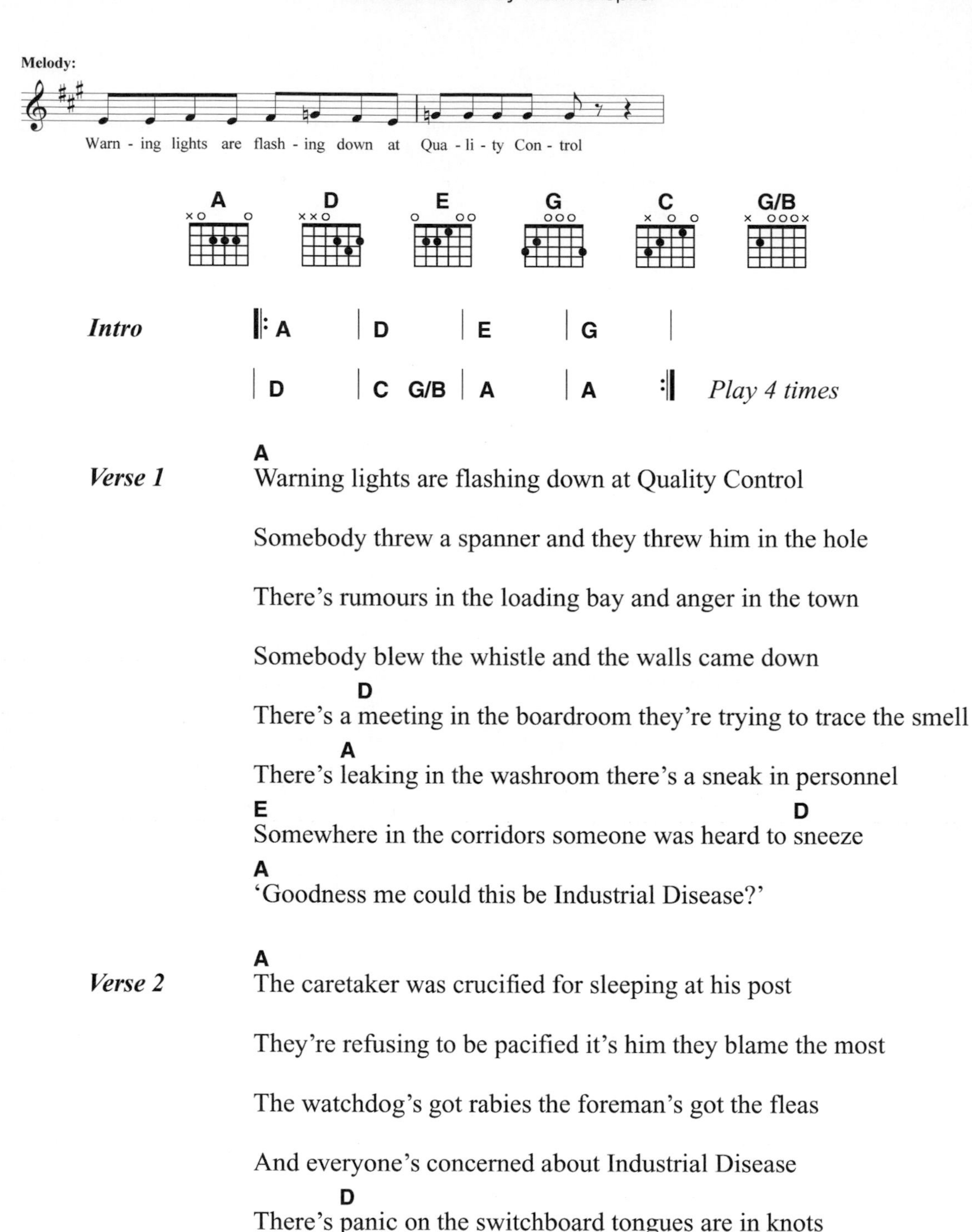

Intro

| A | D | E | G |
| D | C G/B | A | A | *Play 4 times*

Verse 1

A
Warning lights are flashing down at Quality Control

Somebody threw a spanner and they threw him in the hole

There's rumours in the loading bay and anger in the town

Somebody blew the whistle and the walls came down

D
There's a meeting in the boardroom they're trying to trace the smell

A
There's leaking in the washroom there's a sneak in personnel

E D
Somewhere in the corridors someone was heard to sneeze

A
'Goodness me could this be Industrial Disease?'

Verse 2

A
The caretaker was crucified for sleeping at his post

They're refusing to be pacified it's him they blame the most

The watchdog's got rabies the foreman's got the fleas

And everyone's concerned about Industrial Disease

D
There's panic on the switchboard tongues are in knots

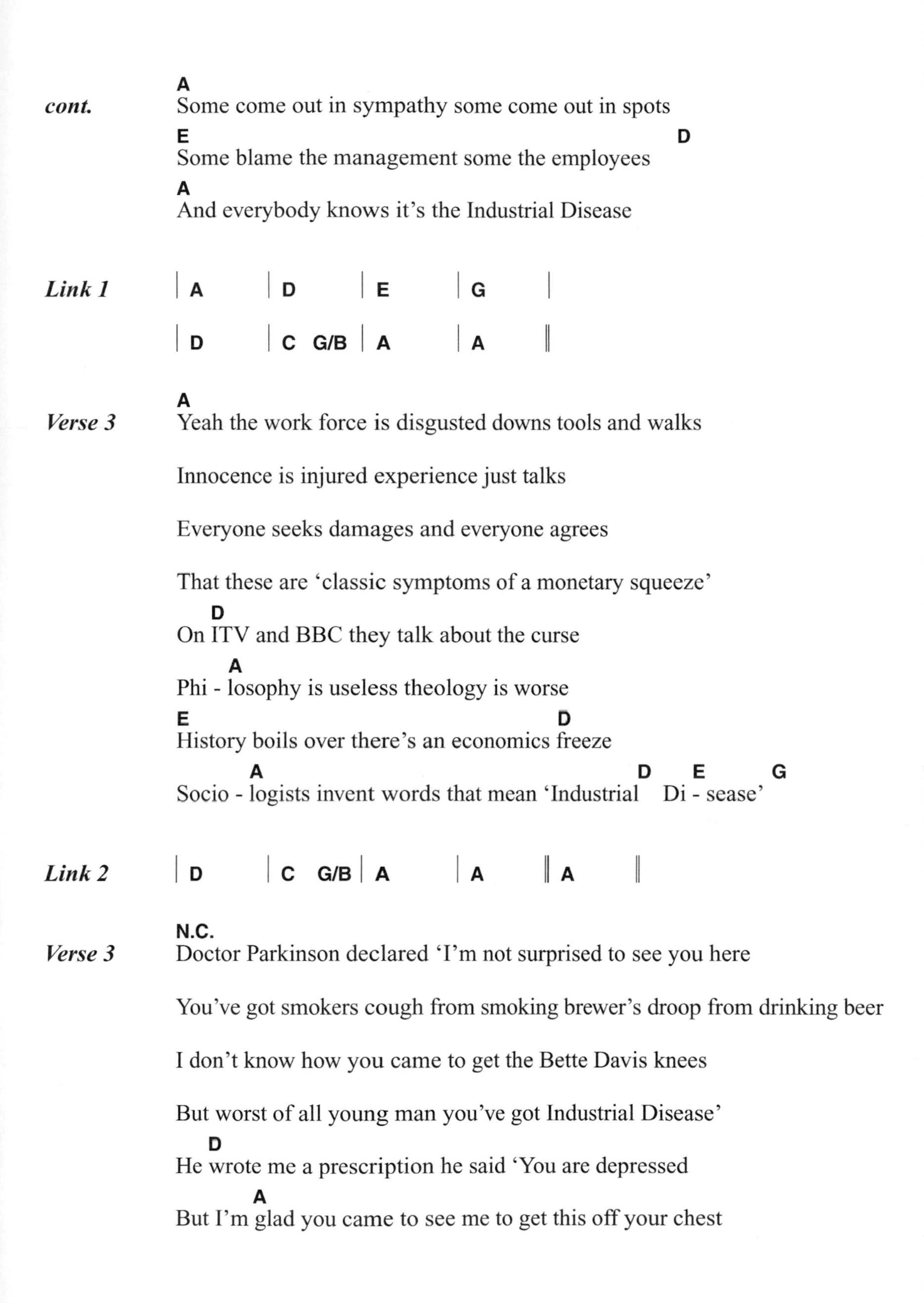

cont.

A
Some come out in sympathy some come out in spots
E D
Some blame the management some the employees
A
And everybody knows it's the Industrial Disease

Link 1

| A | D | E | G |
| D | C G/B | A | A ||

Verse 3

A
Yeah the work force is disgusted downs tools and walks

Innocence is injured experience just talks

Everyone seeks damages and everyone agrees

That these are 'classic symptoms of a monetary squeeze'
D
On ITV and BBC they talk about the curse
A
Phi - losophy is useless theology is worse
E D
History boils over there's an economics freeze
A D E G
Socio - logists invent words that mean 'Industrial Di - sease'

Link 2

| D | C G/B | A | A || A ||

Verse 3

N.C.
Doctor Parkinson declared 'I'm not surprised to see you here

You've got smokers cough from smoking brewer's droop from drinking beer

I don't know how you came to get the Bette Davis knees

But worst of all young man you've got Industrial Disease'
D
He wrote me a prescription he said 'You are depressed
A
But I'm glad you came to see me to get this off your chest

cont.

```
    E                                    D
Come back and see me later – next patient please
    A
Send in another victim of Industrial Disease'
```

Link 3

A	D	E	G
D	C G/B	A	A ‖

Verse 4

```
    A
I go down to Speaker's Corner I'm thunderstruck

They got free speech, tourists, police in trucks

Two men say they're Jesus one of them must be wrong

There's a protest singer singing a protest song – he says
     D
'They wanna have a war to keep us on our knees
     A
They wanna have a war to keep their factories
     E                                    D
They wanna have a war to stop us buying Japan - ese
     A
They wanna have a war to stop Industrial Disease

They're pointing out the enemy to keep you deaf and blind

They wanna sap your energy, incarcerate your mind

They give you Rule Brittania, gassy beer, page three

Two weeks in España and Sunday striptease'
               D
Meanwhile the first Jesus says 'I'd cure it soon
   A
A - bolish Monday mornings and Friday afternoons'
    E                                         D
The other one's out on hunger strike, he's dying by de - grees
A
How come Jesus gets Industrial Disease
```

Outro

𝄆 A	D	E	G		
D	C G/B	A	A 𝄇	*Play 3 times*	
𝄆 A	D	E	G		
D	C G/B	A	A 𝄇		
𝄆 A	A	A	A 𝄇	*Repeat ad lib. to fade*	

Iron Hand

Words & Music by Mark Knopfler

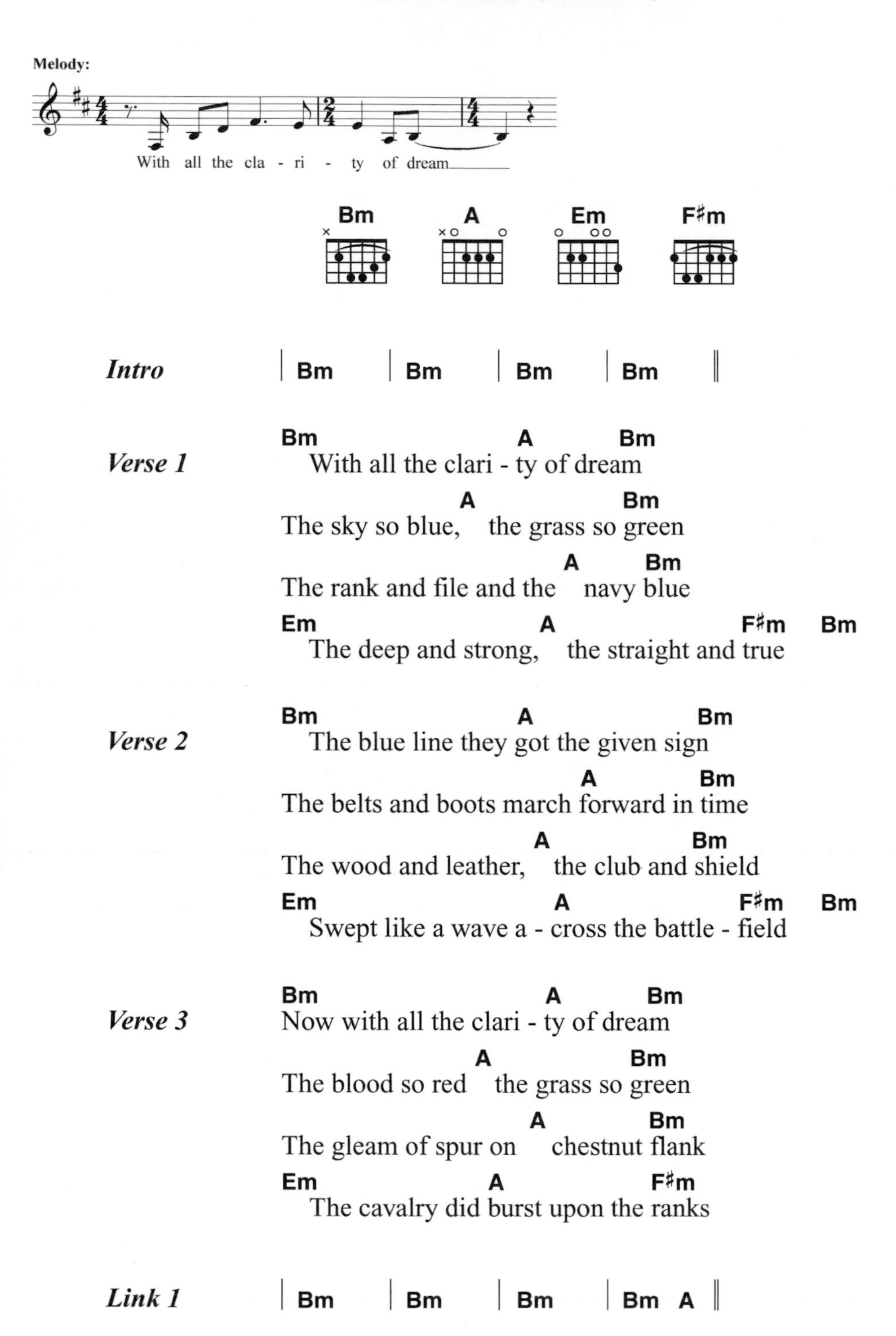

Intro | Bm | Bm | Bm | Bm ||

Verse 1

```
Bm                          A        Bm
   With all the clari - ty of dream
                   A              Bm
The sky so blue,     the grass so green
                              A         Bm
The rank and file and the      navy blue
Em                             A                        F♯m     Bm
   The deep and strong,     the straight and true
```

Verse 2

```
Bm                             A                  Bm
   The blue line they got the given sign
                                    A          Bm
The belts and boots march forward in time
                               A               Bm
The wood and leather,     the club and shield
Em                                A                    F♯m     Bm
   Swept like a wave a - cross the battle - field
```

Verse 3

```
Bm                               A           Bm
Now with all the clari - ty of dream
                     A                 Bm
The blood so red     the grass so green
                           A              Bm
The gleam of spur on     chestnut flank
Em                         A                    F♯m
   The cavalry did burst upon the ranks
```

Link 1 | Bm | Bm | Bm | Bm A ||

Verse 4

```
Bm                        A       Bm
   Oh the iron will and the iron hand
                   A       Bm
In England's green and  pleasant land
              A       Bm
No music for the  shameful scene
Em                           A               F♯m
   That night they said it had even shocked the Queen
```

Link 2

```
| Bm  | Bm  | Bm  | Bm  A ||
```

Verse 5

```
Bm                        A       Bm
   Well alas we've seen it all before
                  A       Bm
Knights in armour,  days of yore
                          A        Bm
The same old fears and the  same old crimes
Em                     A          F♯m
   We haven't changed  since ancient times
```

Outro

```
| Bm  | Bm  | Bm  | Bm  ||
```

It Never Rains

Words & Music by Mark Knopfler

Intro |: G A | D/F♯ Bm A | G A | D :|

Verse 1

```
(D)
I hear the Seven Deadly Sins
                                           Bm          G
And the Terrible Twins came to call on you
D
   The bigger they are babe
                        A
The harder they fall on you
                        D    D/F♯      G        A           D
And you, you're al - ways the same,   you perse - vere
          D/F♯                  G         Bm
On the same old pleasure ground
          D/F♯    G             A
Oh, and it never rains around here
G    A                  D
   It just comes pour - ing down
```

Link 1 | G A | D/F♯ Bm A | G A | D ||

```
               D
Verse 2        You had no more volunteers
                                          Bm           G
               So you got profiteers for to help you out
               D
                  With friends like that baby
                                          A
               Good friends you had to do without
                              D   D/F#   G            D
               And now they've ta - ken the chains and the gears
                           D/F#     G      A  Bm
               From off your merry-go-round
                       D/F#  G          A
               Oh and it never rains around here
               G   A              D
                  It just comes pouring down


               D
Verse 3           And your new Romeo
               Bm            G
               Was just a gigolo   when he let you down
               D
                  See the faster they are babe
                                   A
               The faster they get out of town
                       D     D/F#  G    A      D
               Leaving make up    stains   and the tears
                    D/F#   G
               Of a clown
               Bm          D/F#  G           A
                 Yes, and it never rains around here
               G   A       D
                  It just comes pouring down
```

Bridge 1

A Em G A Em G
Oh, you were just a roller coaster memo - ry

A Em G A G D
I don't know why I was even passing through

A Em G A Bm G
I saw you making a date with Desti - ny

A Em G A D G
When he came around here asking after you

A Em G A Em
In the shadow of the Wheel of Fortune

G A Em G A G D
You're busy trying to clear your name

A Em G A Bm G
You say 'I may be guilty yeah that may be true

A Em G A D G
But I'd be lying if I said I was to blame

A Em G A Em G
See we could have been major conten - ders

A Em G A G
We never got no money no breaks'

D A Em G A Bm
You've got a list of all the major offen - ders

G A Em G A D
You got a list of all their major mis - takes

G A Em G A Em
And he's standing in the shadows

G A Em G A G
Yes and you smile that come - on smile

D A Em G A Bm G
Oh, I can still hear you say as clear as the day

A
'I'd like to make it worth your while'

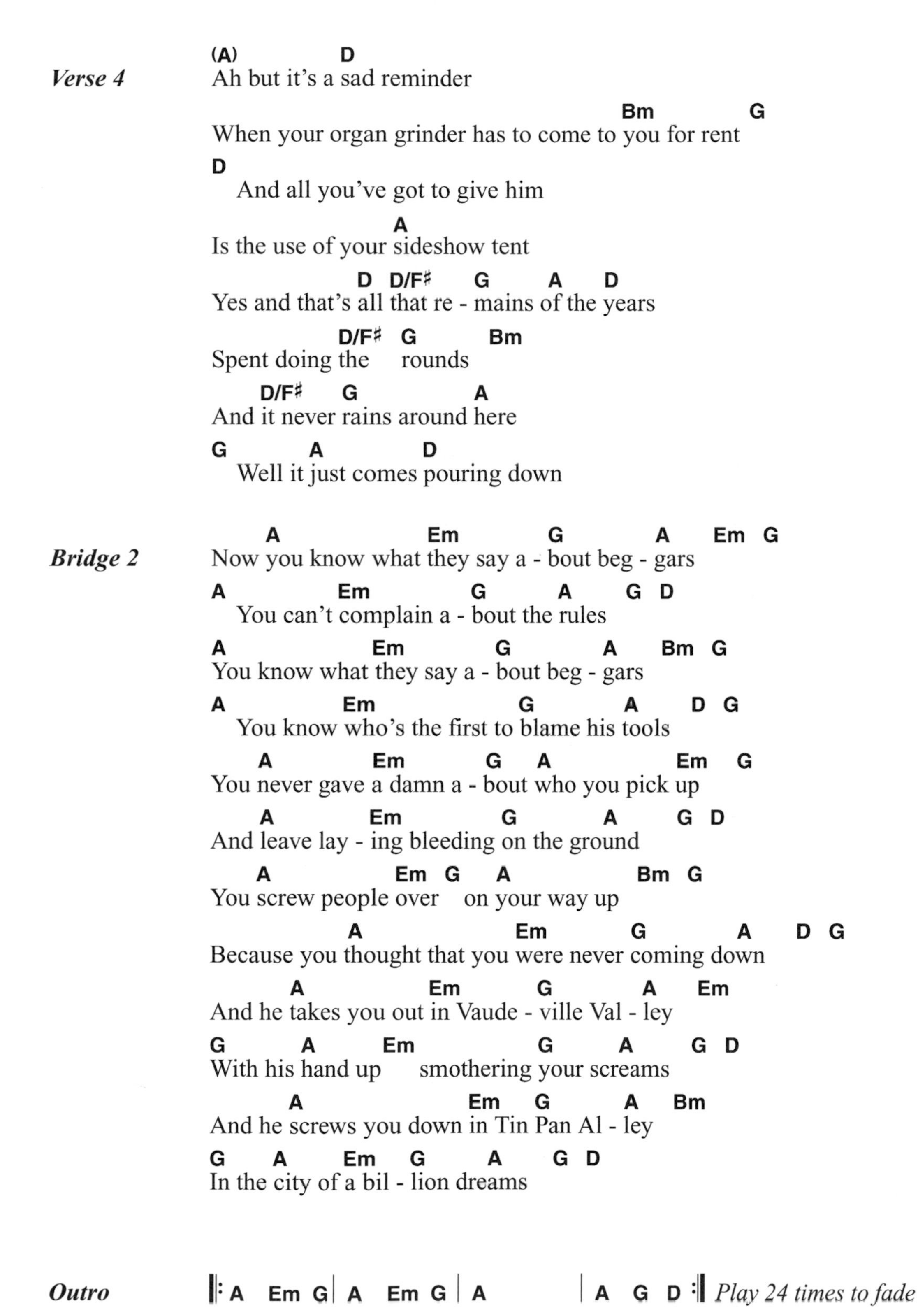
Verse 4
(A) D
Ah but it's a sad reminder
Bm G
When your organ grinder has to come to you for rent
D
And all you've got to give him
A
Is the use of your sideshow tent
D D/F♯ G A D
Yes and that's all that re - mains of the years
D/F♯ G Bm
Spent doing the rounds
D/F♯ G A
And it never rains around here
G A D
Well it just comes pouring down
Bridge 2
A Em G A Em G
Now you know what they say a - bout beg - gars
A Em G A G D
You can't complain a - bout the rules
A Em G A Bm G
You know what they say a - bout beg - gars
A Em G A D G
You know who's the first to blame his tools
A Em G A Em G
You never gave a damn a - bout who you pick up
A Em G A G D
And leave lay - ing bleeding on the ground
A Em G A Bm G
You screw people over on your way up
A Em G A D G
Because you thought that you were never coming down
A Em G A Em
And he takes you out in Vaude - ville Val - ley
G A Em G A G D
With his hand up smothering your screams
A Em G A Bm
And he screws you down in Tin Pan Al - ley
G A Em G A G D
In the city of a bil - lion dreams
Outro
A Em G | A Em G | A | A G D
Play 24 times to fade

In The Gallery

Words & Music by Mark Knopfler

Melody:

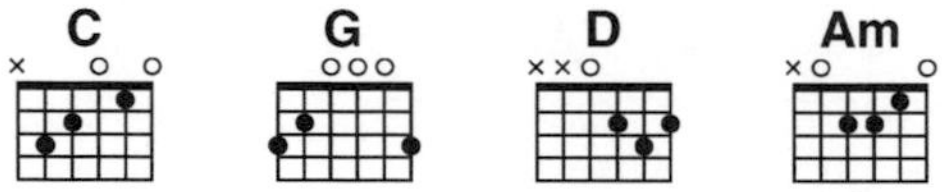

Har - ry made a bare - back ri - der

C G D Am

Capo 1st Fret

```
Intro     | C      | C      | C      | C      |
          | G      | G      | D      | D      |
          | Am     | Am  D  | Am     | D      |
          | Am     | Am  D  | Am     | D      ||
```

```
          Am                           D Am            D          Am    D Am C D G Am
Verse 1   Harry made a bareback rider   proud and free  upon a horse
                              D Am     D              Am    D  Am  C  G  Am
          And a fine coalminer     for the NCB that was
                         D                   Am     D  Am C D G Am
          A fallen angel   and Jesus on the cross
                              D Am                D                            Am    D Am C G
          A skating ballerina    you should have seen her do the skater's waltz
```

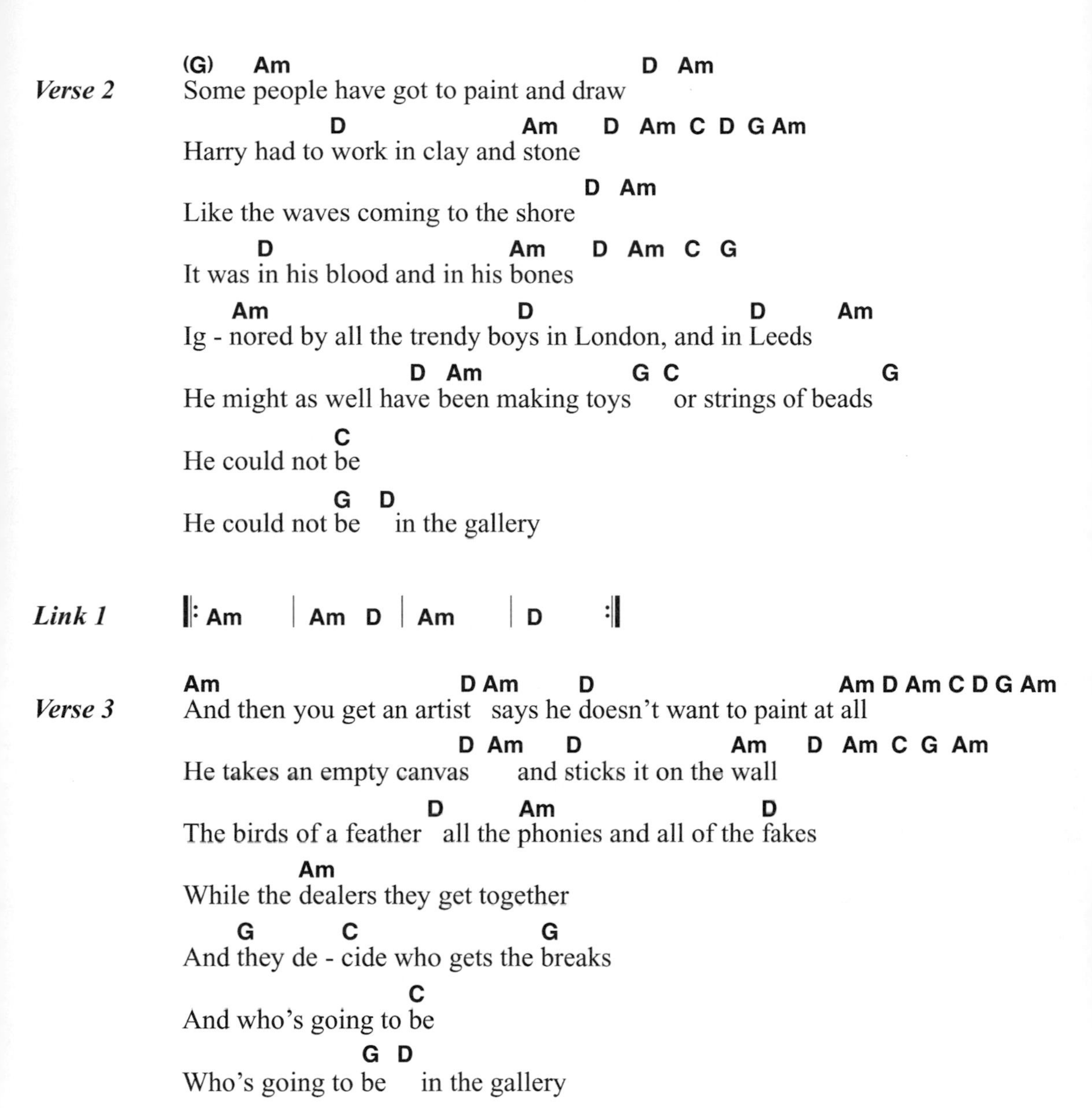
Verse 2
(G) Am D Am
Some people have got to paint and draw
D Am D Am C D G Am
Harry had to work in clay and stone
D Am
Like the waves coming to the shore
D Am D Am C G
It was in his blood and in his bones
Am D D Am
Ig - nored by all the trendy boys in London, and in Leeds
D Am G C G
He might as well have been making toys or strings of beads
C
He could not be
G D
He could not be in the gallery
Link 1
Am | Am D | Am | D
Verse 3
Am D Am D Am D Am C D G Am
And then you get an artist says he doesn't want to paint at all
D Am D Am D Am C G Am
He takes an empty canvas and sticks it on the wall
D Am D
The birds of a feather all the phonies and all of the fakes
Am
While the dealers they get together
G C G
And they de - cide who gets the breaks
C
And who's going to be
G D
Who's going to be in the gallery

Solo

: Am	Am D	Am	D :
Am	Am D	Am	D
Am	Am D	Am C	D G
Am	Am D	Am	D
Am	Am D	Am C	G
Am	Am D	Am	D
Am	Am G	C	G
C	C	C	C
G	G	D	D	
: Am	Am D	Am	D :

Verse 4

Am D Am
No lies he wouldn't compromise
D Am D Am C D G Am
No junk, no bits of string
D Am
And all the lies we subsi - dise
D Am D Am C G Am
They just don't mean a thing
D Am D Am
I've got to say he passed a - way in obscurity
G C G
And now all the vultures are coming down from the tree
C
He's going to be
G D (Am)
So he's going to be in the gallery

Outro

|: Am | Am D | Am | D :| *Play 16 times to fade w/vocal ad lib*

Kingdom Come

Words & Music by Mark Knopfler

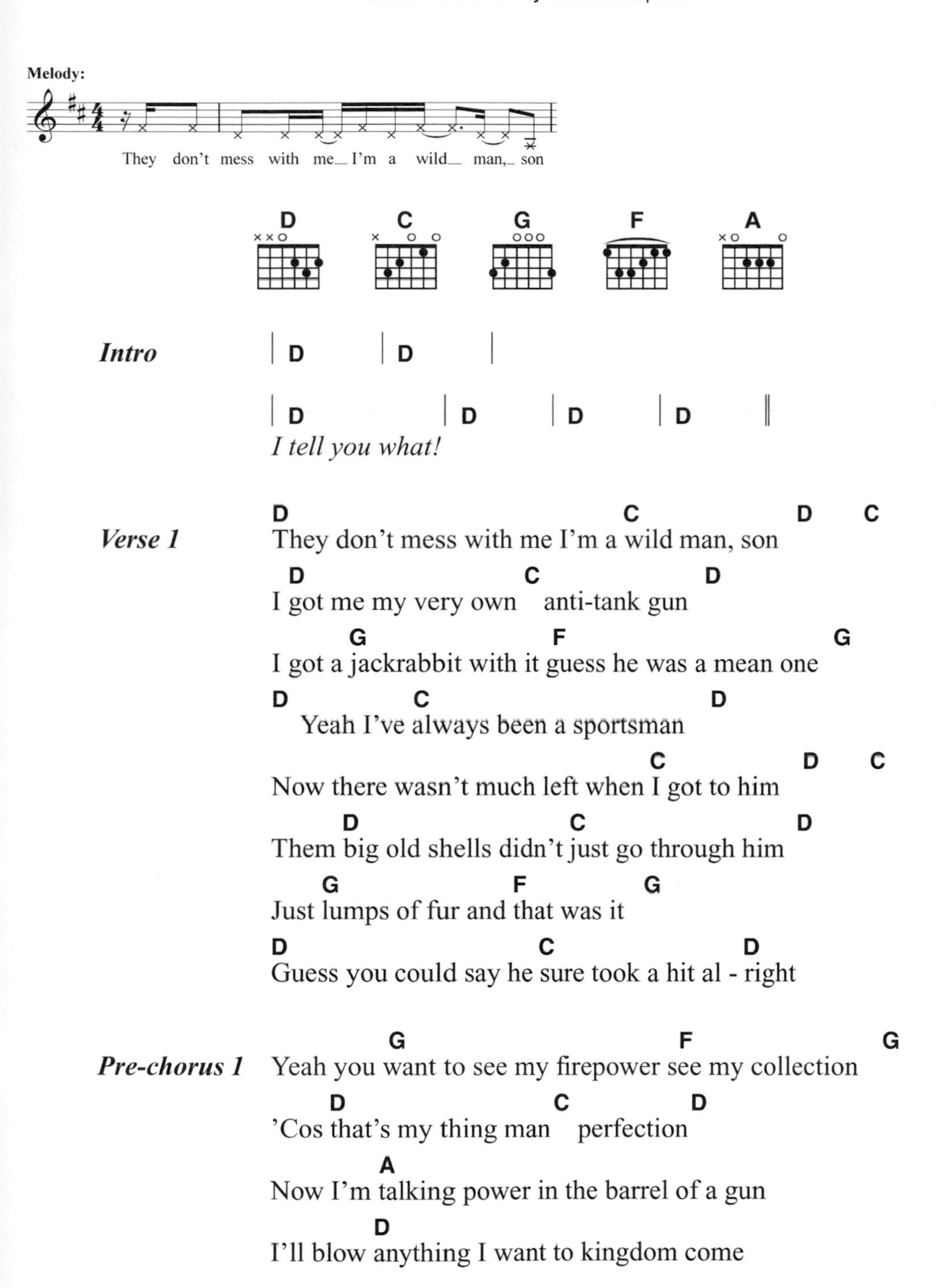

Intro

| D | D |

| D | D | D | D ||
I tell you what!

Verse 1

D C D C
They don't mess with me I'm a wild man, son
D C D
I got me my very own anti-tank gun
G F G
I got a jackrabbit with it guess he was a mean one
D C D
Yeah I've always been a sportsman

C D C
Now there wasn't much left when I got to him
D C D
Them big old shells didn't just go through him
G F G
Just lumps of fur and that was it
D C D
Guess you could say he sure took a hit al - right

Pre-chorus 1

G F G
Yeah you want to see my firepower see my collection
D C D
'Cos that's my thing man perfection
A
Now I'm talking power in the barrel of a gun
D
I'll blow anything I want to kingdom come

Chorus 1

```
(D)    G
Ba-ba-boom
           D
Ba-ba-ba-ba-bomb
                           A
And I'll blow anything I want
             D
To kingdom come
```

Link 1

```
| D    | C    | D    | C    |
| D    | C    | D    | A    ||
```

Verse 2

```
D                        C                     D     C
Yeah all you got to do is squeeze on the trigger
       D                        C                 D
And a little-bitty human get a whole lot bigger
              G                    F                 G
'Cos there's a time for talking and a time to shoot them down
     D                        C                D
And this mama-jama don't pussyfoot around al - right
                                C             D     C
Yeah let them laugh let them say we're strange
D                            C             D
Me and my buddies on the rifle range
         G                          F           G
But you won't be laughing when it hits the fan
        D                     C           D
You're going to want to be a survivor, man
```

Pre-chorus 2

```
           G                          F                G
Yeah you got to see my firepower see my collection
      D                    C           D
'Cos that's my thing man    perfection
      A
Now I'm talking power in the barrel of a gun
         D
I'll blow anything I want to kingdom come
```

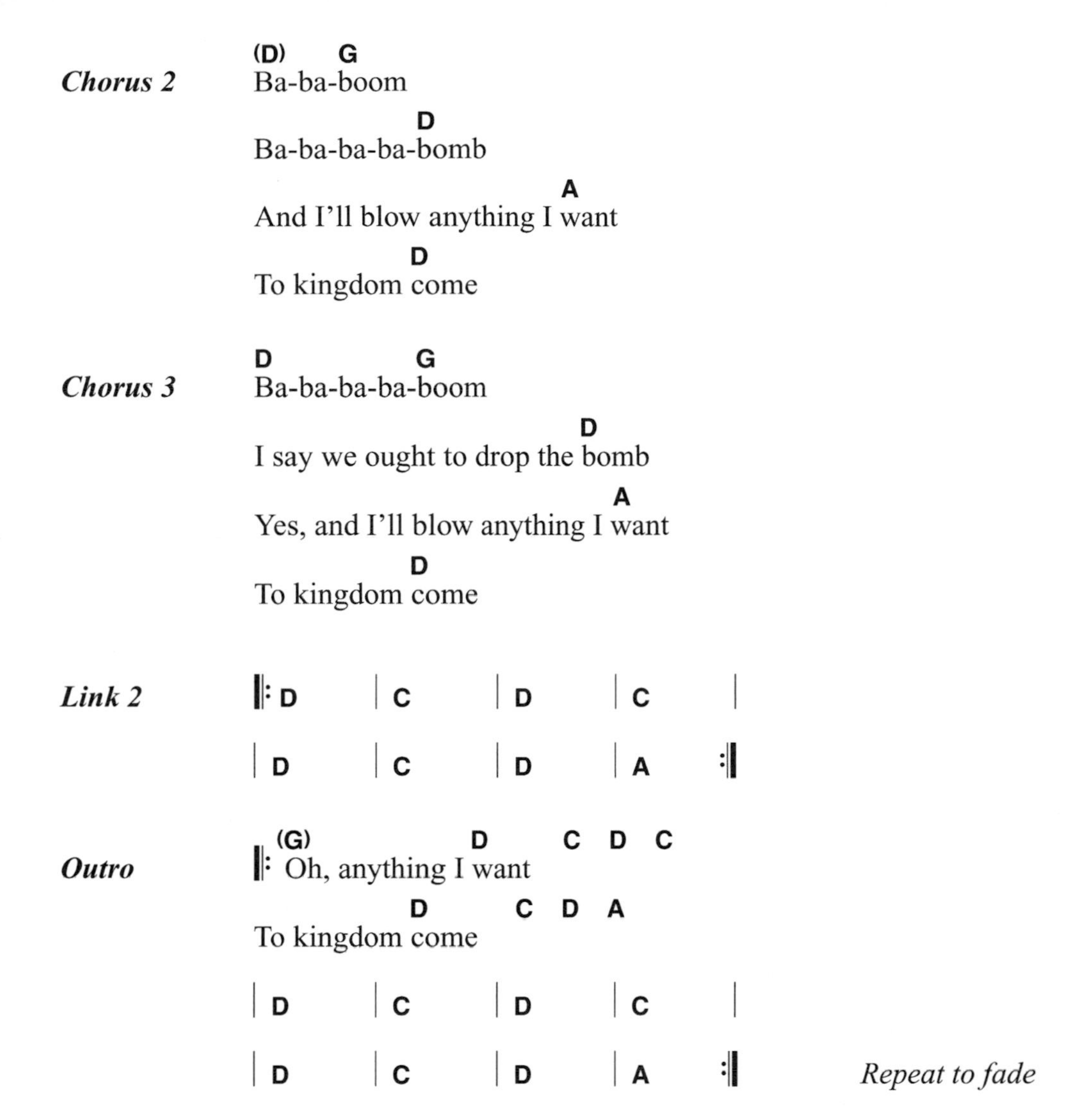
Chorus 2
(D) G
Ba-ba-boom
D
Ba-ba-ba-ba-bomb
A
And I'll blow anything I want
D
To kingdom come
Chorus 3
D G
Ba-ba-ba-ba-boom
D
I say we ought to drop the bomb
A
Yes, and I'll blow anything I want
D
To kingdom come
Link 2
𝄆 D | C | D | C |
| D | C | D | A 𝄇
Outro
(G) D C D C
𝄆 Oh, anything I want
D C D A
To kingdom come
| D | C | D | C |
| D | C | D | A 𝄇
Repeat to fade

Lady Writer

Words & Music by Mark Knopfler

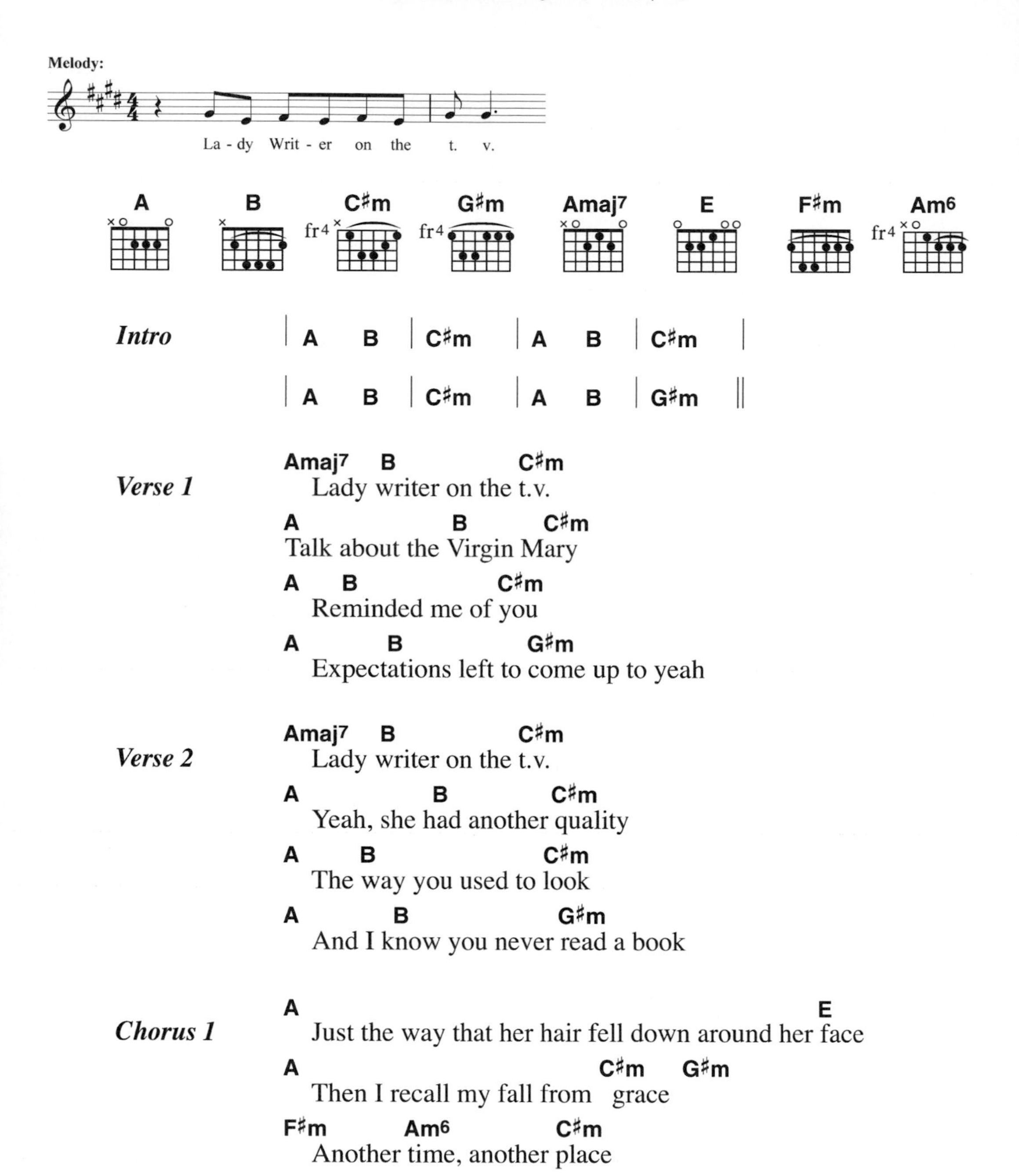

Intro

| A B | C♯m | A B | C♯m |
| A B | C♯m | A B | G♯m ||

Verse 1

```
Amaj7  B               C♯m
   Lady writer on the t.v.
A              B         C♯m
Talk about the Virgin Mary
A      B            C♯m
   Reminded me of you
A        B              G♯m
   Expectations left to come up to yeah
```

Verse 2

```
Amaj7  B               C♯m
   Lady writer on the t.v.
A          B             C♯m
   Yeah, she had another quality
A        B               C♯m
   The way you used to look
A          B                    G♯m
   And I know you never read a book
```

Chorus 1

```
A                                              E
   Just the way that her hair fell down around her face
A                          C♯m     G♯m
   Then I recall my fall from   grace
F♯m        Am6             C♯m
   Another time, another place
```

Verse 3

Amaj7 B C♯m
Lady writer on the t.v.
A B C♯m
She had all the brains and the beauty
A B C♯m
The picture does not fit
A B G♯m
You talked to me when you felt like it

Chorus 2

A E
Just the way that her hair fell down around her face
A C♯m G♯m
Then I recall my fall from grace
F♯m Am6 C♯m
Another time, another place

Middle

E
Yes and your rich old man
B
You know he'd call her a dead ringer
G♯m
You got the same command
F♯m
Plus your mother was a jazz singer

Solo

‖: A B | C♯m | A B | C♯m |

| A B | C♯m | A B | G♯m :‖

Chorus 3

A E
Just the way that her hair fell down around her face
A C♯m G♯m
Then I recall my fall from grace
F♯m Am6 C♯m
Another time, another place

```
            Amaj7  B            C#m
*Verse 4*     Lady writer on the t.v.
            A          B           C#m
              She knew all about a history
            A                B                  C#m
              You couldn't hardly write your name
            A           B           G#m
              I think I want you just the same as the

            Amaj7  B            C#m
*Verse 5*     Lady writer on the t.v.
            A                     B        C#m
              Talking about the Virgin Mary
            A                     B               C#m
            Yeah, you know I m talking about you and me
                      A     B              G#m
            And the   lady writer on the t.v.
            Amaj7  B            C#m
              Lady writer on the t.v.
            A                  B       C#m
            Talking about the Virgin Mary
            A                     B               C#m
            Yeah, you know I'm talking about you and me
                      A     B              G#m
            And the   lady writer on the t.v.


Solo        ||: A   B | C#m    | A   B | C#m    |

            | A   B | C#m    | A   B | G#m   :||  Repeat to fade
```

Les Boys

Words & Music by Mark Knopfler

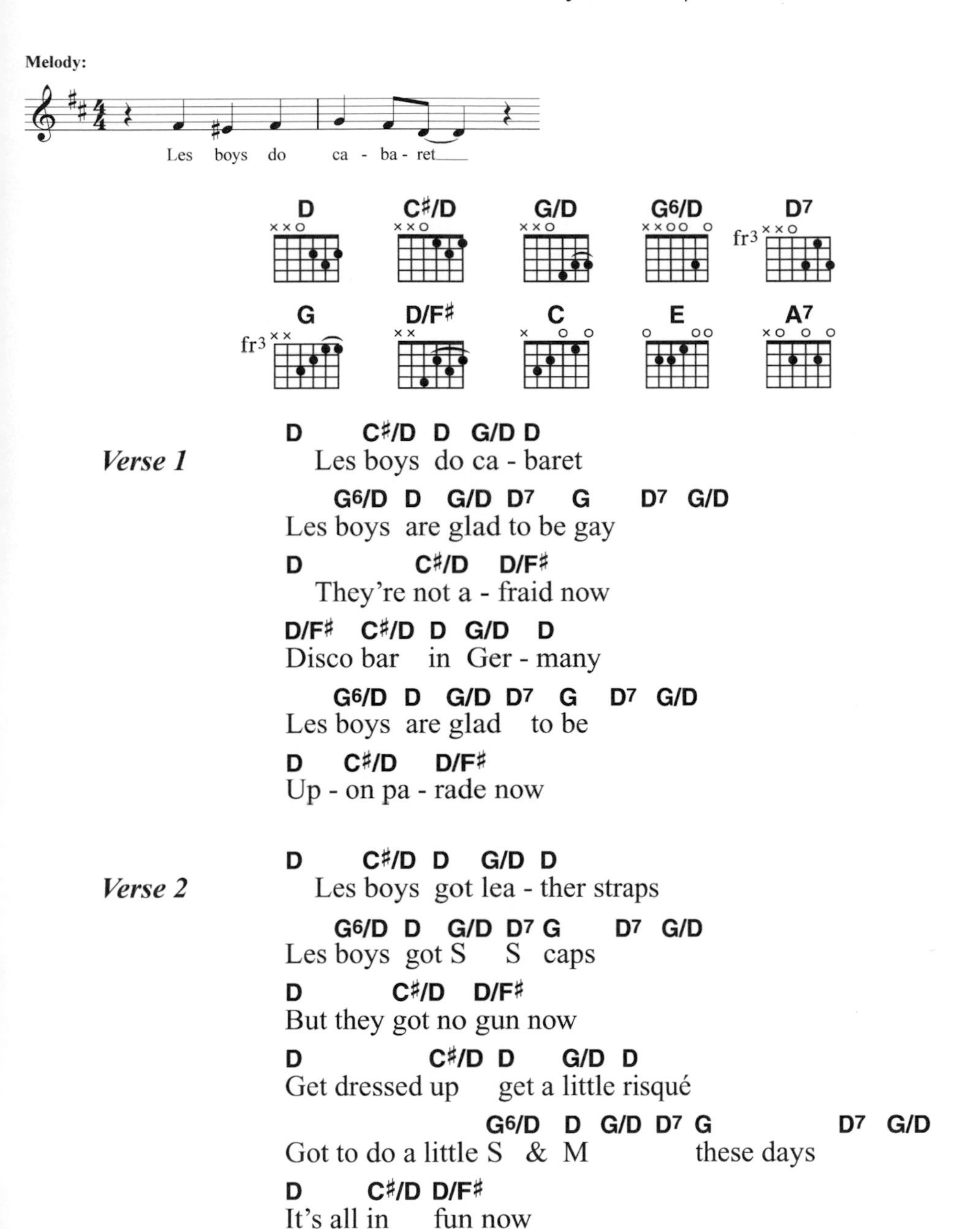

Verse 1

D C♯/D D G/D D
Les boys do ca - baret

G6/D D G/D D7 G D7 G/D
Les boys are glad to be gay

D C♯/D D/F♯
They're not a - fraid now

D/F♯ C♯/D D G/D D
Disco bar in Ger - many

G6/D D G/D D7 G D7 G/D
Les boys are glad to be

D C♯/D D/F♯
Up - on pa - rade now

Verse 2

D C♯/D D G/D D
Les boys got lea - ther straps

G6/D D G/D D7 G D7 G/D
Les boys got S S caps

D C♯/D D/F♯
But they got no gun now

D C♯/D D G/D D
Get dressed up get a little risqué

G6/D D G/D D7 G D7 G/D
Got to do a little S & M these days

D C♯/D D/F♯
It's all in fun now

Chorus 1

```
G
Les boys come on again

For the high class whores

And the businessmen
    C                    E
Who drive in their Mer - cedes-Benz
     A7
To a disco bar in old München
```

Link 1

| D | D | D | D ||

Verse 3

```
D                   C#/D  D        G/D  D
   They get the jokes that the D.   J. makes
             G6/D    D          G/D  D7    G       D7  G/D
They get nervous and they make    mi - stakes
D          C#/D    D/F#
They're bad for business
D      C#/D   D      G/D      D
Some tourist take a photo - graph
      G6/D  D       G/D D7       G        D7  G/D
Les boys  don't get       one laugh
D   C#/D  D/F#
He says   they're useless
```

Chorus 2

```
G
   Les boys come on again

For the high class whores

And the businessmen
    C                    E
Who drive in their Mer - cedes-Benz
     A7
To a disco bar in old München
```

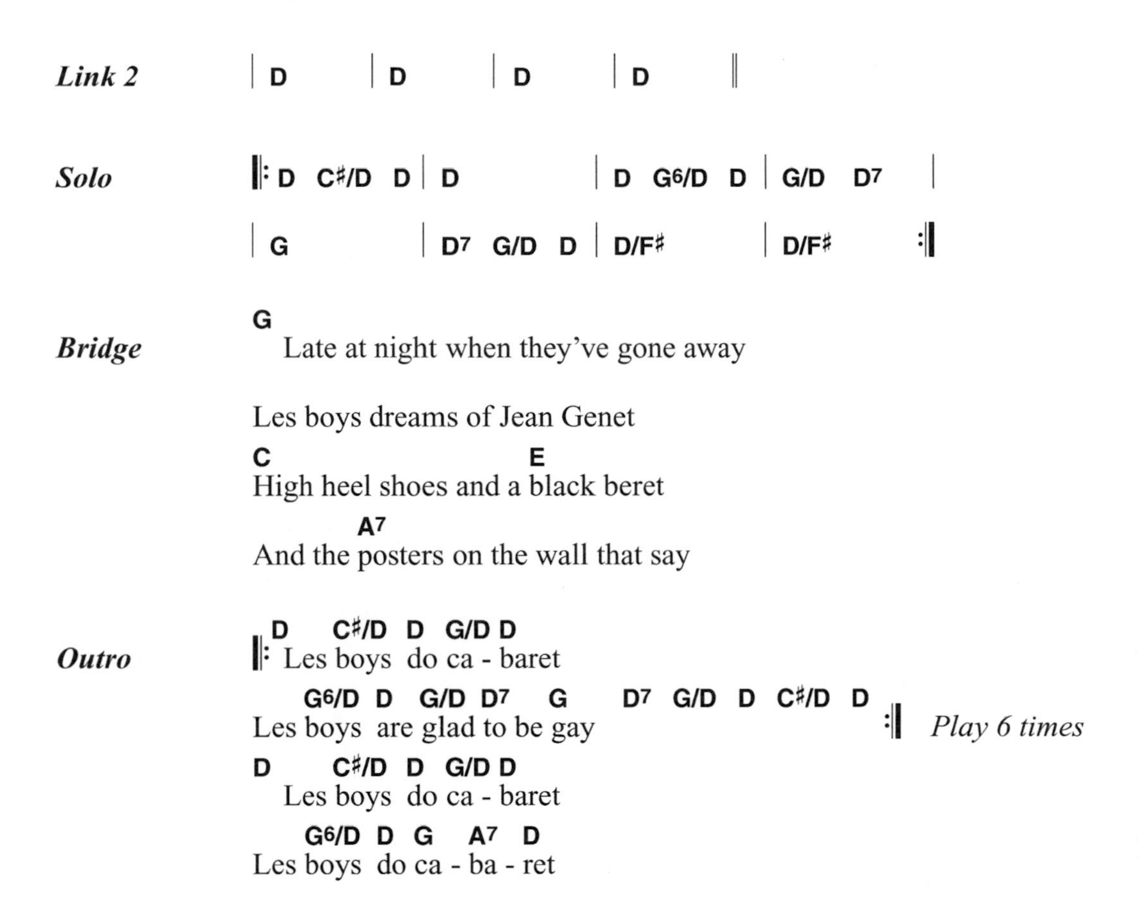
Link 2
| D | D | D | D ||
Solo
|: D C♯/D D | D | D G6/D D | G/D D7 |
| G | D7 G/D D | D/F♯ | D/F♯ :|
Bridge
G
Late at night when they've gone away
Les boys dreams of Jean Genet
C E
High heel shoes and a black beret
A7
And the posters on the wall that say
Outro
D C♯/D D G/D D
|: Les boys do ca - baret
G6/D D G/D D7 G D7 G/D D C♯/D D
Les boys are glad to be gay :|
Play 6 times
D C♯/D D G/D D
Les boys do ca - baret
G6/D D G A7 D
Les boys do ca - ba - ret

Lions

Words & Music by Mark Knopfler

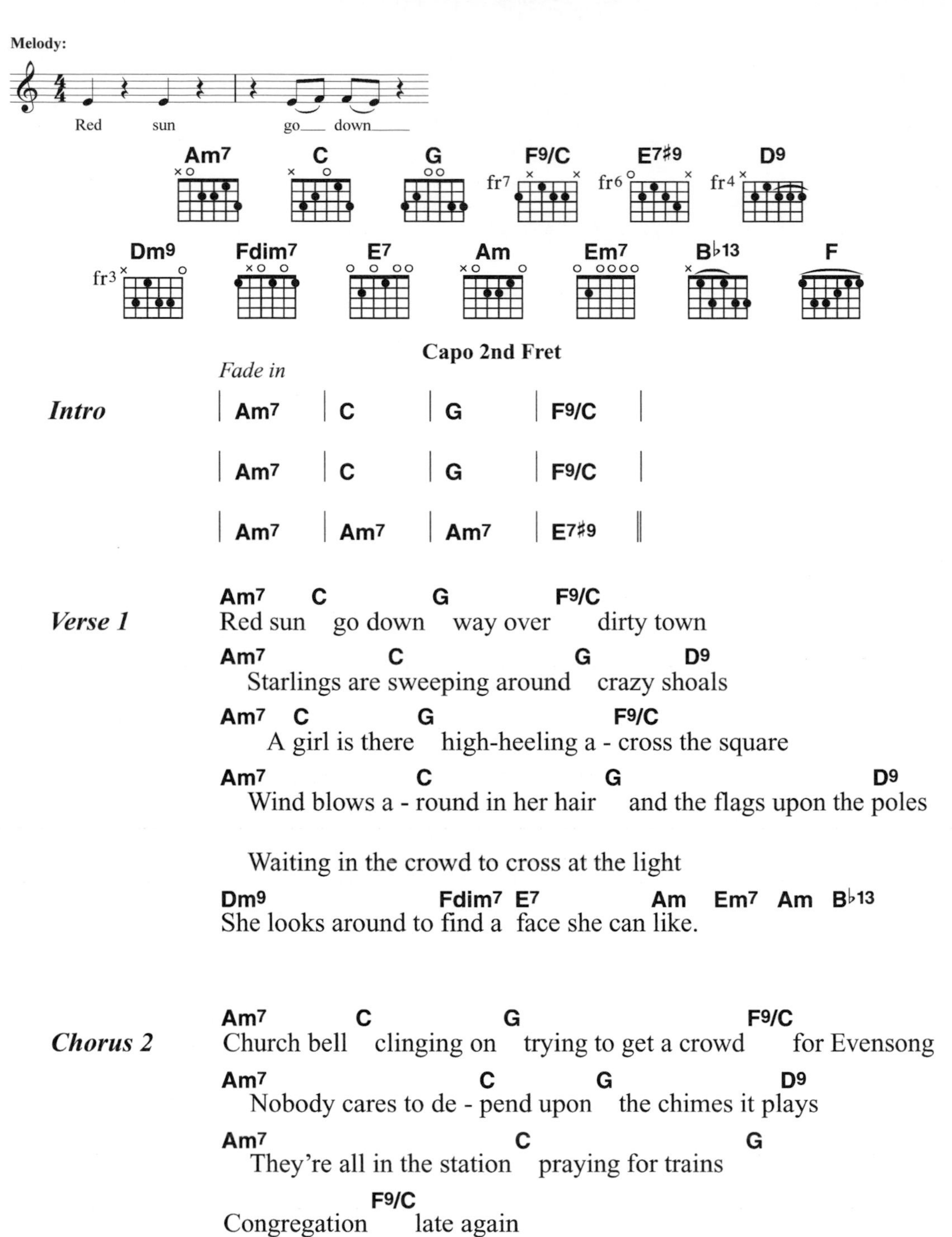

Capo 2nd Fret

Fade in

Intro

Am7	C	G	F9/C
Am7	C	G	F9/C
Am7	Am7	Am7	E7♯9	

Verse 1

Am7 C G F9/C
Red sun go down way over dirty town
Am7 C G D9
Starlings are sweeping around crazy shoals
Am7 C G F9/C
A girl is there high-heeling a - cross the square
Am7 C G D9
Wind blows a - round in her hair and the flags upon the poles

Waiting in the crowd to cross at the light
Dm9 Fdim7 E7 Am Em7 Am B♭13
She looks around to find a face she can like.

Chorus 2

Am7 C G F9/C
Church bell clinging on trying to get a crowd for Evensong
Am7 C G D9
Nobody cares to de - pend upon the chimes it plays
Am7 C G
They're all in the station praying for trains
F9/C
Congregation late again

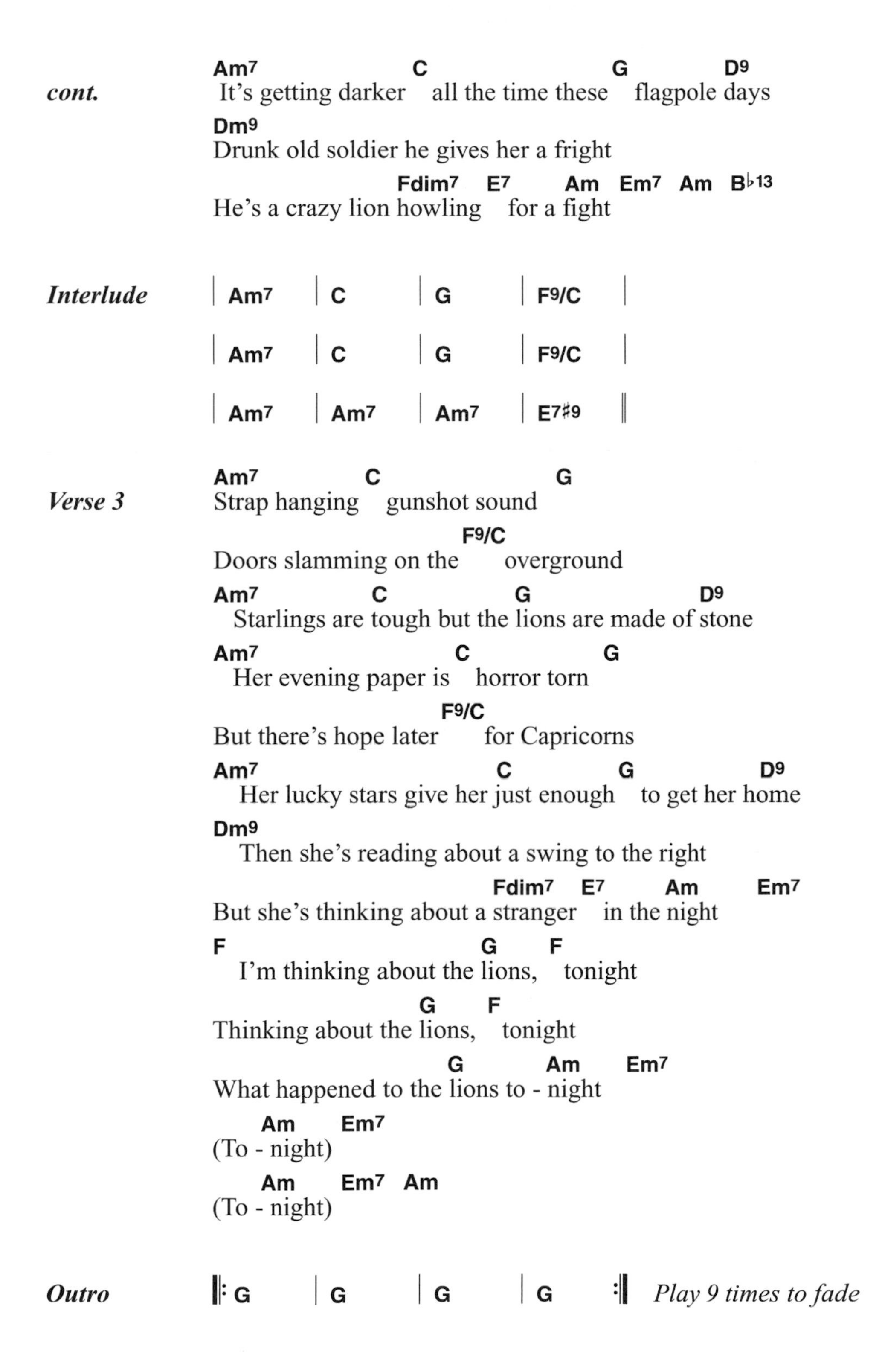

cont.

Am7 C G D9
It's getting darker all the time these flagpole days

Dm9
Drunk old soldier he gives her a fright

Fdim7 E7 Am Em7 Am B♭13
He's a crazy lion howling for a fight

Interlude

| Am7 | C | G | F9/C |

| Am7 | C | G | F9/C |

| Am7 | Am7 | Am7 | E7♯9 ||

Verse 3

Am7 C G
Strap hanging gunshot sound

F9/C
Doors slamming on the overground

Am7 C G D9
Starlings are tough but the lions are made of stone

Am7 C G
Her evening paper is horror torn

F9/C
But there's hope later for Capricorns

Am7 C G D9
Her lucky stars give her just enough to get her home

Dm9
Then she's reading about a swing to the right

Fdim7 E7 Am Em7
But she's thinking about a stranger in the night

F G F
I'm thinking about the lions, tonight

G F
Thinking about the lions, tonight

G Am Em7
What happened to the lions to - night

Am Em7
(To - night)

Am Em7 Am
(To - night)

Outro

|: G | G | G | G :| *Play 9 times to fade*

Love Over Gold

Words & Music by Mark Knopfler

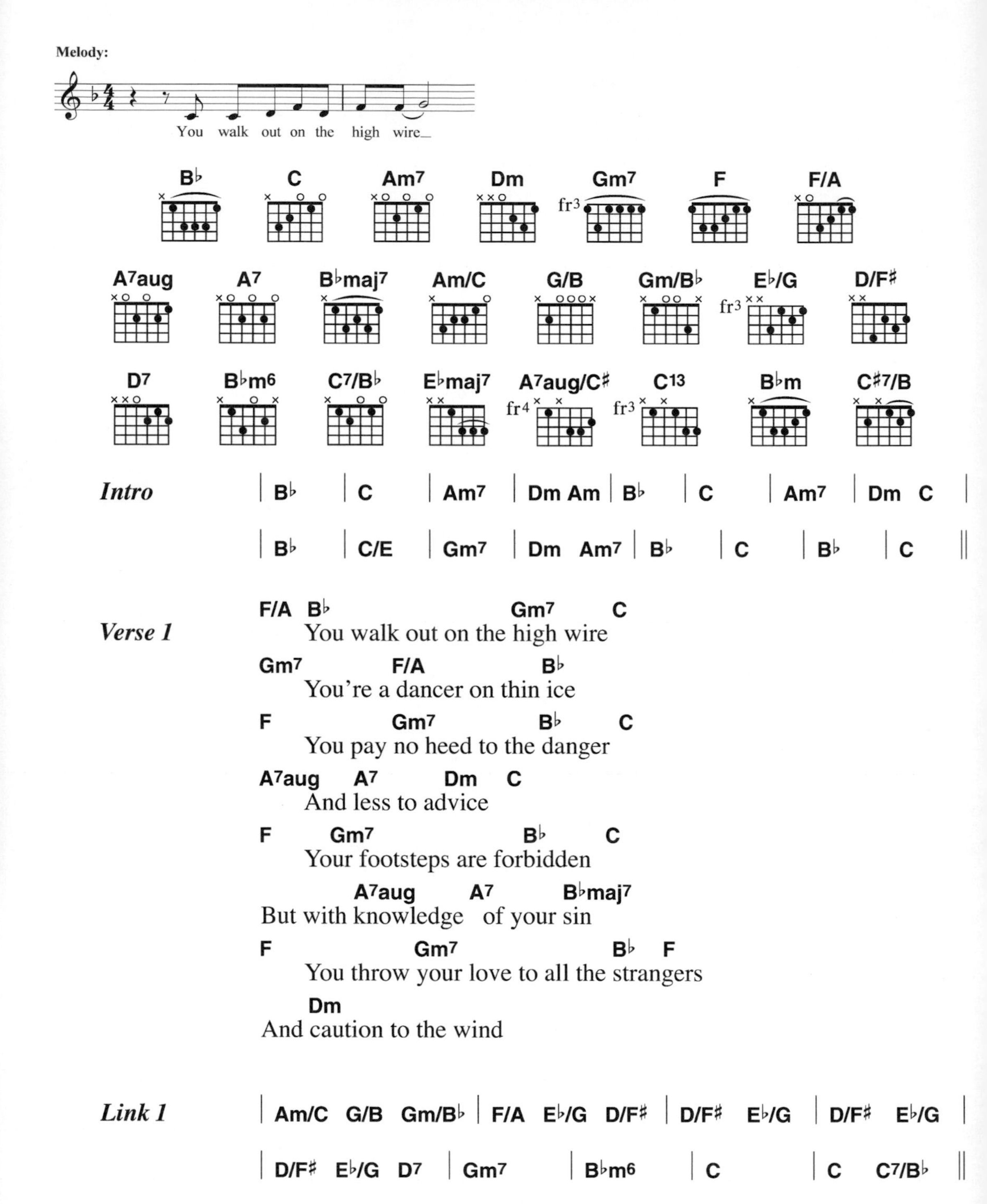

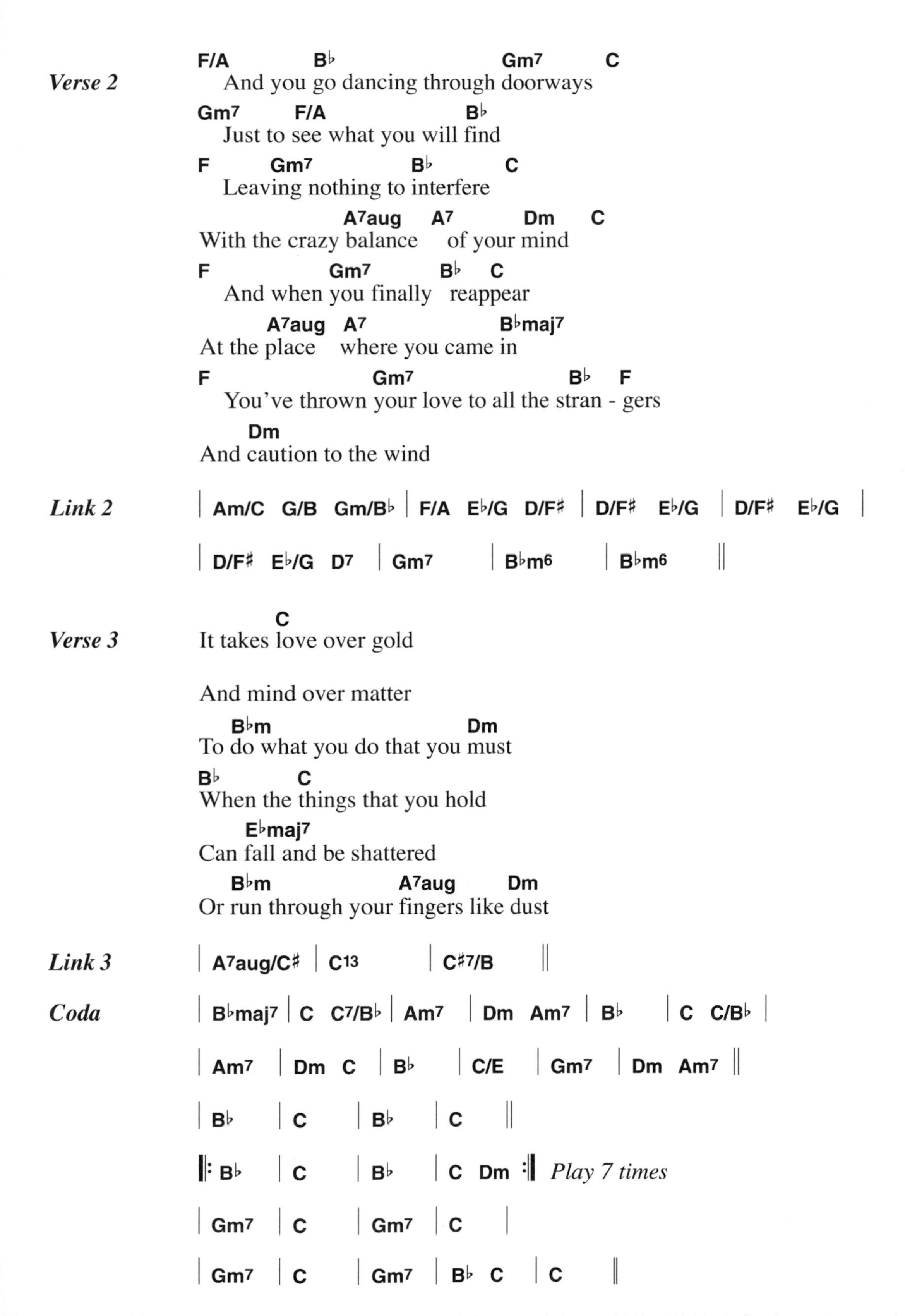
Verse 2
F/A B♭ Gm7 C
And you go dancing through doorways
Gm7 F/A B♭
Just to see what you will find
F Gm7 B♭ C
Leaving nothing to interfere
A7aug A7 Dm C
With the crazy balance of your mind
F Gm7 B♭ C
And when you finally reappear
A7aug A7 B♭maj7
At the place where you came in
F Gm7 B♭ F
You've thrown your love to all the stran - gers
Dm
And caution to the wind
Link 2
| Am/C G/B Gm/B♭ | F/A E♭/G D/F♯ | D/F♯ E♭/G | D/F♯ E♭/G |
| D/F♯ E♭/G D7 | Gm7 | B♭m6 | B♭m6 ||
Verse 3
C
It takes love over gold
And mind over matter
B♭m Dm
To do what you do that you must
B♭ C
When the things that you hold
E♭maj7
Can fall and be shattered
B♭m A7aug Dm
Or run through your fingers like dust
Link 3
| A7aug/C♯ | C13 | C♯7/B ||
Coda
B♭maj7	C C7/B♭	Am7	Dm Am7	B♭	C C/B♭
Am7	Dm C	B♭	C/E	Gm7	Dm Am7	
B♭	C	B♭	C	
: B♭	C	B♭	C Dm :	Play 7 times
Gm7	C	Gm7	C
Gm7	C	Gm7	B♭ C	C	

The Man's Too Strong

Words & Music by Mark Knopfler

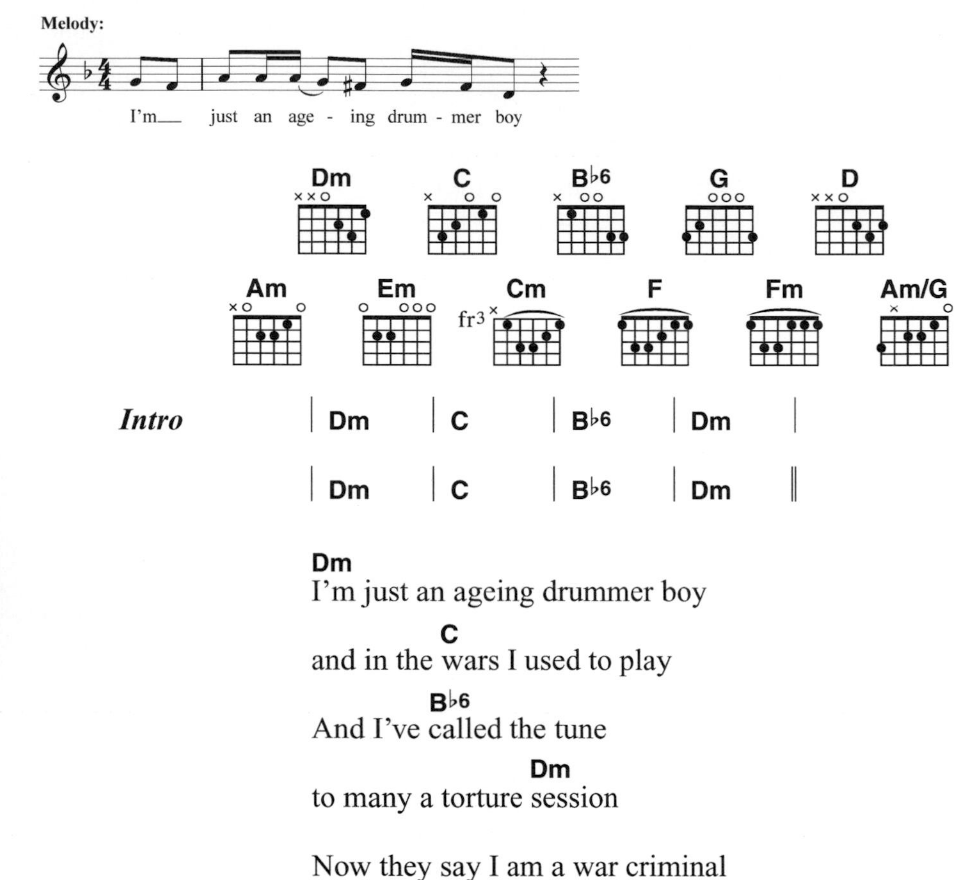

Intro | Dm | C | B♭6 | Dm |
| Dm | C | B♭6 | Dm ||

Dm
I'm just an ageing drummer boy
C
and in the wars I used to play
B♭6
And I've called the tune
Dm
to many a torture session

Now they say I am a war criminal
C
and I'm fading away
B♭6 Dm
Father please hear my con - fession

Verse 1
G
I have legalised robbery
D
Called it belief
G
I have run with the money
D
And hid like a thief

cont.

G
I have re-written history
D
With my armies and my crooks
C Am
Invented memories
D
I did burn all the books
Dm
And I can still hear his laughter
C Em
And I can still hear his song

The man's too big
D C
The man's too strong

Interlude

D	C	C	C
Cm	G	G	G
B♭6	B♭6	B♭6	D
D	D	D	

Verse 2

G
Well I have tried to be meek
D
And I have tried to be mild
G
But I spat like a woman
D
And sulked like a child
G
I have lived behind walls
D
That have made me alone
C Am
Striven for peace
D
Which I never have known

cont.

Dm
And I can still hear his laughter
C Em
And I can still hear his song

The man's too big
D C
The man's too strong

Interlude 2 As Interlude 1

Verse 3

G
Well the sun rose on the courtyard
D
and they all did hear him say
G
'You always were a Judas
D
but I got you anyway
G
You may have got your silver
D
but I swear upon my life
C Am
Your sister gave me diamonds
D
And I gave them to your wife'
Dm
Oh Father please help me
C Em
For I have done wrong.

The man's too big,
D C
The man's too strong.

Interlude 3

| D | C | C | C |

| Cm | G | G | G |

| B♭6 | F | F | F |

| Fm | C | C | Am |

| Am | F | F | F |

| F | D | D | D | D ||

Outro

| D | C | C | C |

| D | C | C | C |

| Cm | G | G | G |

| B♭6 | B♭6 | B♭6 | F |

| F | F | Fm | Fm |

| Fm | C | C | Am |

| Am/G | F | F | F | D ||

Millionaire Blues

Words & Music by Mark Knopfler

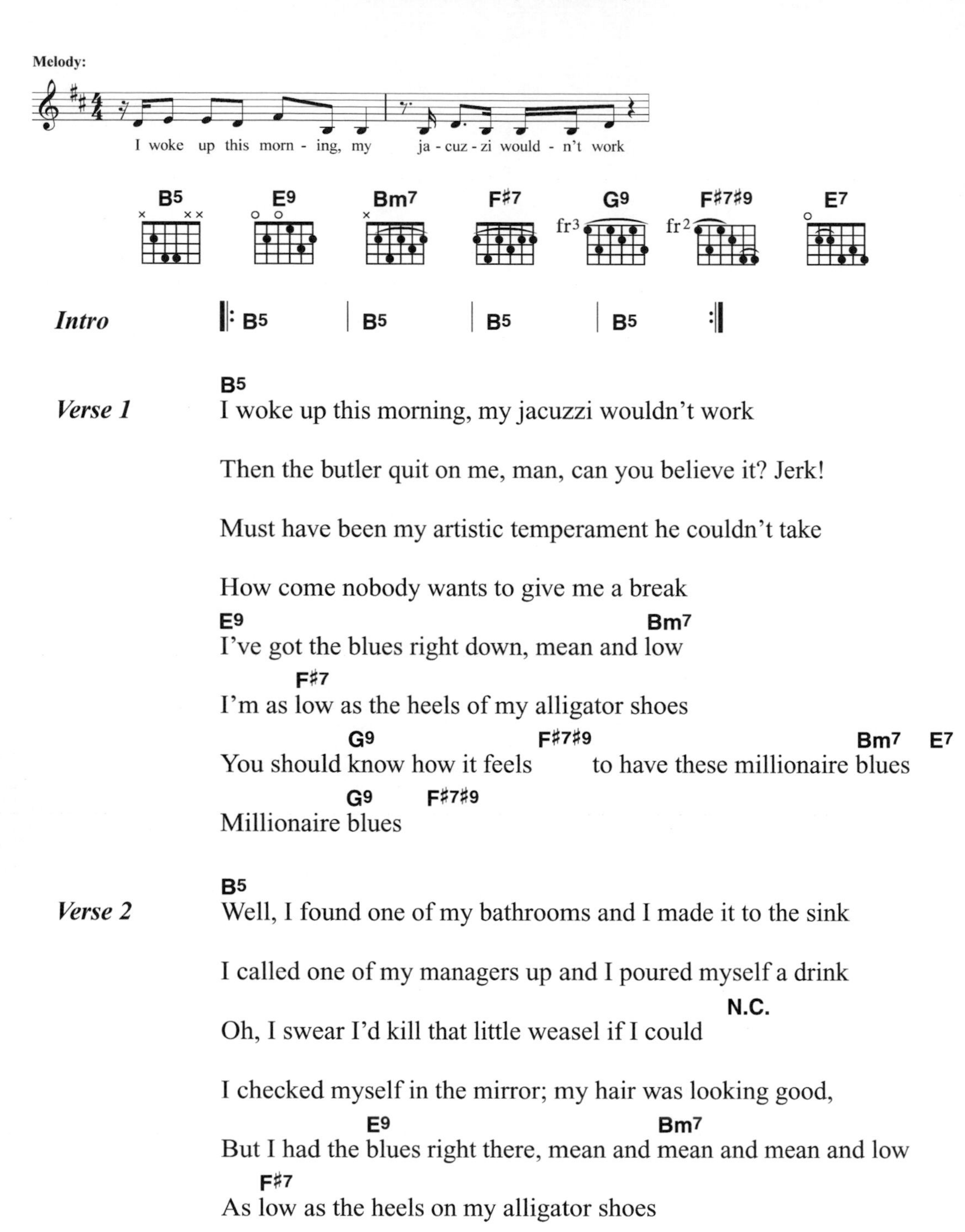

Intro | B5 | B5 | B5 | B5 :|

Verse 1

B5
I woke up this morning, my jacuzzi wouldn't work

Then the butler quit on me, man, can you believe it? Jerk!

Must have been my artistic temperament he couldn't take

How come nobody wants to give me a break

E9 Bm7
I've got the blues right down, mean and low

F♯7
I'm as low as the heels of my alligator shoes

G9 F♯7♯9 Bm7 E7
You should know how it feels to have these millionaire blues

G9 F♯7♯9
Millionaire blues

Verse 2

B5
Well, I found one of my bathrooms and I made it to the sink

I called one of my managers up and I poured myself a drink

N.C.
Oh, I swear I'd kill that little weasel if I could

I checked myself in the mirror; my hair was looking good,

E9 Bm7
But I had the blues right there, mean and mean and mean and low

F♯7
As low as the heels on my alligator shoes

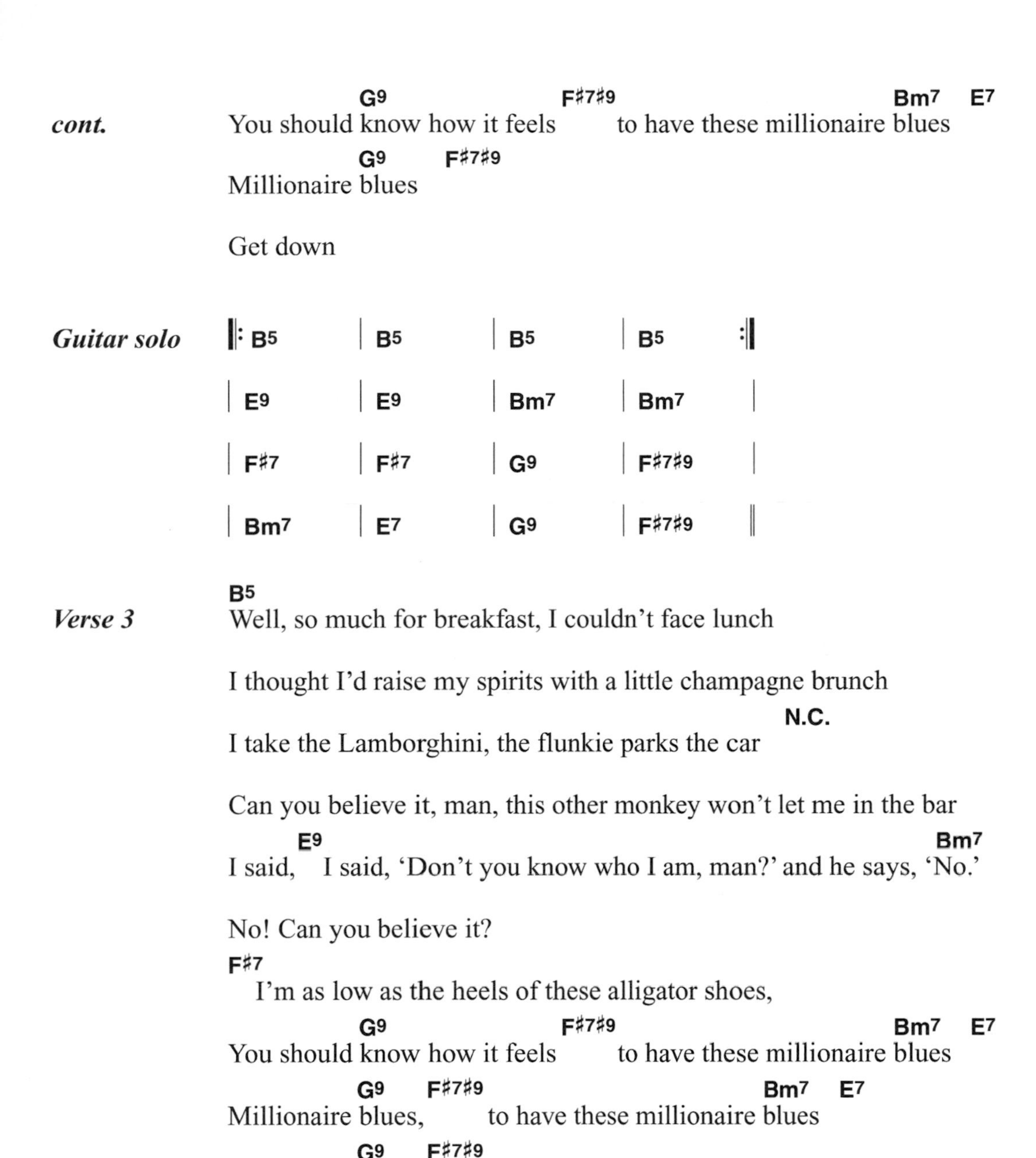
cont.
G9 F♯7♯9 Bm7 E7
You should know how it feels to have these millionaire blues
G9 F♯7♯9
Millionaire blues
Get down
Guitar solo
B5 | B5 | B5 | B5
E9 | E9 | Bm7 | Bm7
F♯7 | F♯7 | G9 | F♯7♯9
Bm7 | E7 | G9 | F♯7♯9
Verse 3
B5
Well, so much for breakfast, I couldn't face lunch
I thought I'd raise my spirits with a little champagne brunch
N.C.
I take the Lamborghini, the flunkie parks the car
Can you believe it, man, this other monkey won't let me in the bar
E9 Bm7
I said, I said, 'Don't you know who I am, man?' and he says, 'No.'
No! Can you believe it?
F♯7
I'm as low as the heels of these alligator shoes,
G9 F♯7♯9 Bm7 E7
You should know how it feels to have these millionaire blues
G9 F♯7♯9 Bm7 E7
Millionaire blues, to have these millionaire blues
G9 F♯7♯9
Millionaire blues

Outro

B5
Bad, bad

That's bad! Yeah

So hard

It's hard sometimes for a boy

Ah, I like that

That's good

Get down

You're making a very big mistake, man

Oh yeah

You'll never work in this town again

Alright *To fade*

Money For Nothing

Words & Music by Mark Knopfler & Sting

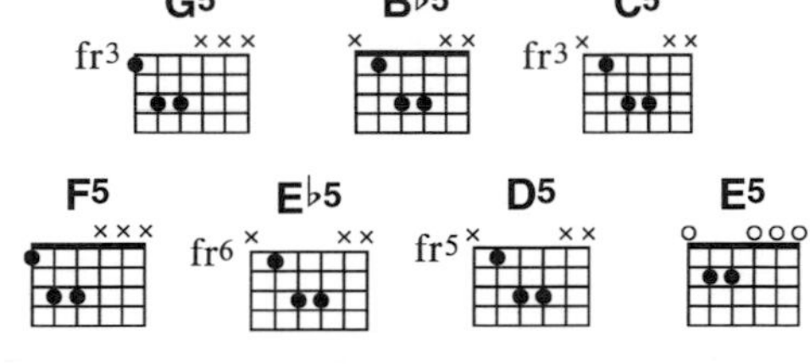

Intro (fade in)

N.C.
I want my, I want my MTV

I want my, I want my MTV

I want my, I want my MTV

I want my, I want my MTV

Riff

𝄆 G5 | G5 | G5 | B♭5 C5 | G5 | G5 | G5 | F5 G5 𝄇

Verse 1

G5
Now look at them yo-yos that's the way you do it
B♭5 C5
You play the guitar on the MTV
G5
That ain't workin' that's the way you do it
F5 G5
Money for nothin' and your chicks for free

Now that ain't workin' that's the way you do it
B♭5 C5
Lemme tell ya them guys ain't dumb
G5
Maybe get a blister on your little finger
F5 G5
Maybe get a blister on your thumb

Chorus 1

```
E♭5                B♭5
   We gotta install microwave ovens
E♭5                F5
   Custom kitchen deliveries
G5
   We gotta move these refrigerators
C5                    D5          E5
   We gotta move these colour TVs ____
```

Verse 2

```
G5
   See the little faggot with the earring and the make-up
                   B♭5     C5
Yeah buddy that's his own hair
G5
   That little faggot got his own jet airplane
                        F5     G5
That little faggot he's a millionaire
```

Chorus 2

```
E♭5                B♭5
   We gotta install microwave ovens
E♭5                F5
   Custom kitchen deliveries
G5
   We gotta move these refrigerators
C5                    D5          E5
   We gotta move these colour TVs ____
```

Riff

```
| (G5) | G5 | G5 | B♭5  C5 | G5 | G5 | G5 | F5  G5 ||
```

Chorus 3

```
E♭5                B♭5
   We gotta install microwave ovens
E♭5                F5
   Custom kitchen deliveries
G5
   We gotta move these refrigerators
C5                    D5          E5
   We gotta move these colour TVs ____
```

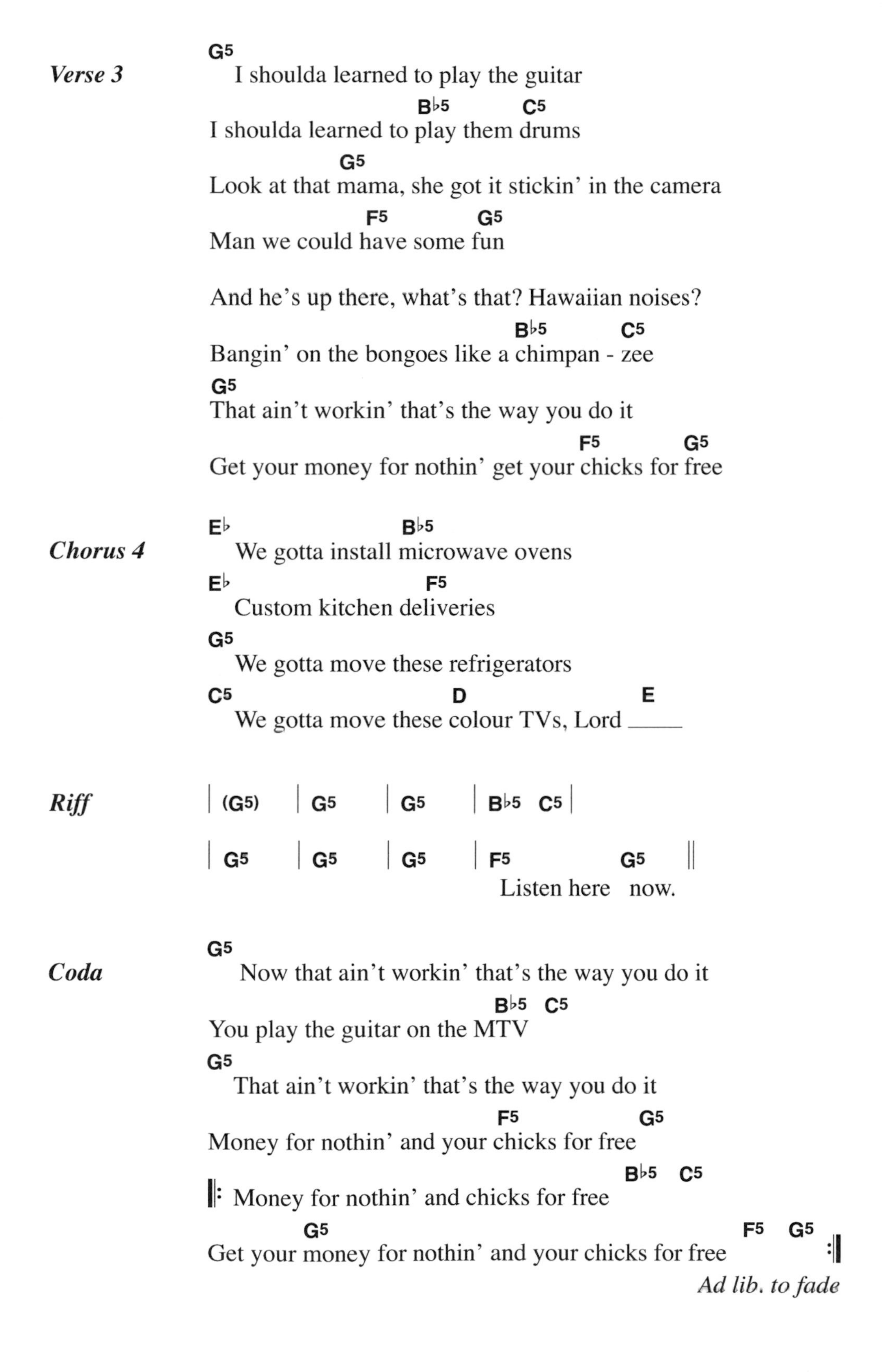
Verse 3
G5
I shoulda learned to play the guitar
Bb5 C5
I shoulda learned to play them drums
G5
Look at that mama, she got it stickin' in the camera
F5 G5
Man we could have some fun
And he's up there, what's that? Hawaiian noises?
Bb5 C5
Bangin' on the bongoes like a chimpan - zee
G5
That ain't workin' that's the way you do it
F5 G5
Get your money for nothin' get your chicks for free
Chorus 4
Eb Bb5
We gotta install microwave ovens
Eb F5
Custom kitchen deliveries
G5
We gotta move these refrigerators
C5 D E
We gotta move these colour TVs, Lord ____
Riff
| (G5) | G5 | G5 | Bb5 C5 |
| G5 | G5 | G5 | F5 G5 ||
Listen here now.
Coda
G5
Now that ain't workin' that's the way you do it
Bb5 C5
You play the guitar on the MTV
G5
That ain't workin' that's the way you do it
F5 G5
Money for nothin' and your chicks for free
Bb5 C5
Money for nothin' and chicks for free
G5 F5 G5
Get your money for nothin' and your chicks for free
Ad lib. to fade

My Parties

Words & Music by Mark Knopfler

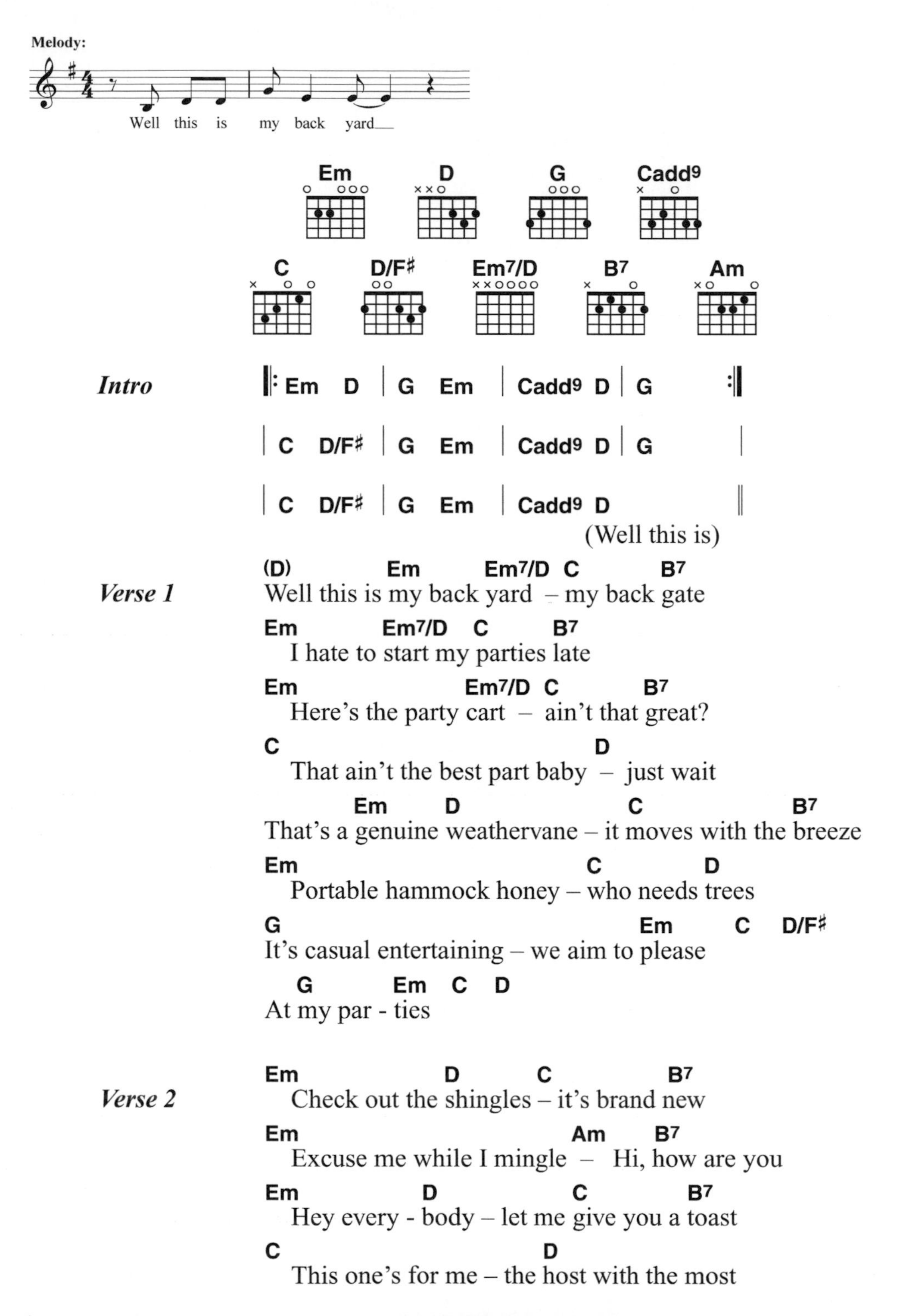

Sax solo | Em D | C B7 | Em | C B7 |
| Em D | C B7 | C | D ||

Verse 3
```
Em                        D         C              B7
  It's getting a trifle colder – step inside my home
Em                                            Am         B7
  That's a brass toilet tissue holder with its own tele - phone
Em                    D                   C          B7
  That's a musical doorbell – it don't ring, I ain't kiddin'
         C                              D
It plays america the beautiful and tie a yellow ribbon
```

Verse 4
```
Em                          D    C              B7
  Boy, this punch is a trip – it's o.k. in my book
Em                 Am                 B7
  Here, take a sip – maybe a little heavy on the fruit
Em                         D           C             B7
  Ah, here comes the dip – you may kiss the cook
C                                   D
Let me show you honey – it's easy look
Em                   D                  C               B7
  You take a fork and spike 'em – say, did you try these?
Em                              C              D
So glad you like 'em – the secret's in the cheese
     G                                    Em         C    D/F#
It's casual entertaining – we aim to please
    G          Em        C          D      G  C
At my par - ties
D/F#     G          Em        C          D
Yeah, at my par - ties
```

Verse 5
```
Em                          D               C     B7
  Now don't talk to me about the polar bear
Em                                    D/F#   B7
  Don't talk to me about the ozone layer
Em                     D                   Em          D
  Ain't so much of anything these days,     even the air
C                                          D
  They're running out of rhinos – what do I care
Em
Let's hear it for the dolphin – let's hear it for the trees
        C                                  D
Ain't running out of nothing in my deep freeze
```

```
                 G                                  Em       C    D/F♯
cont.        It's casual entertaining, we aim to please
                G         Em  C  D
             At my par - ties
             G                    C   D/F♯
             Do what you please
                G         Em   C  D  G  C
             At my par - ties
             D/F♯    G        Em  C  D
             Yeah, at my par - ties
                  G
             You do what you please
             C          D/F♯  G        Em   C  D  G
                Oh yeah,      at my par - ties

             C           D           G         C                 D      G
Bridge          Oh yes at my parties,    (yeah, I thought you'd like that)

             | C  D    | G  Em  | C  D    | G       |

             | C       | D      | G  Em   | C  D    |
             G                        C  D  G  Em  C  D  G
               (Mmm, that's nice)

             C  D/F♯  G        Em   C  D  G  C
Outro               At my par - ties
             D/F♯    G        Em  C  D  G  C
             Yeah, at my par - ties
                 D/F♯    G        Em  C  D
             Oh yeah, at my par - ties

                  G                    C  D/F♯
             You do what you please
                G         Em  C  D  G
             At my par - ties

             ||: C  D/F♯ | G  Em  | C  D   | G      :||  Repeat to fade
```

News

Words & Music by Mark Knopfler

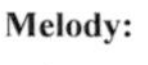

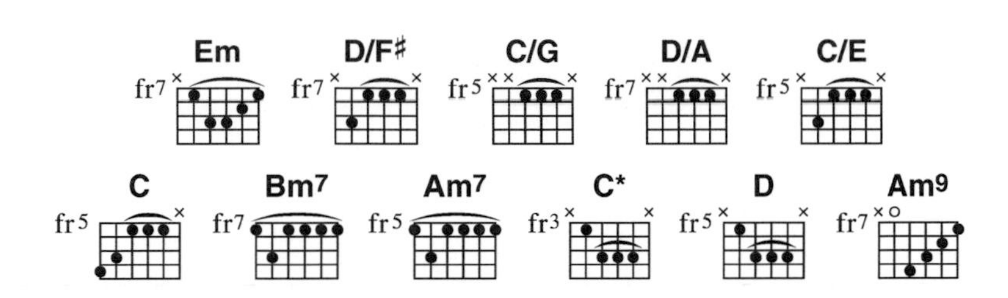

Intro

Em	D/F♯	C/G	D/A
C/G	C/G	C/E	C/E
Em	Bm7	C	Bm7
Am7	Am7	C	C	

Verse 1

Em Bm7
He sticks to his guns
C Bm7
He take the road as it comes
Am7 C
It take the shine off his shoes
Em Bm7
He says it's a shame
C Bm7
You know it may be a game
Am7 C
Ah but I won't play to lose

Verse 2

```
Em                   Bm7  C
  He's burning the grass
             Bm7
He take up a glass
   Am7           C
He swallow it neat
Em               Bm7
  He crosses the floor
   C       Bm7
He open the door
         Am7            C
He take a sniff of the street
```

Chorus 1

```
C*  D                                  C*  D
     And then she tell him that he's crazy

She's a-saying hey baby
         Em
I'm your wife
C*  D                           C*  D
     Yeah she tell him that he's crazy
                              C*   Am9
For gambling a-with his life
```

Verse 3

```
Em                        Bm7
  But he climbs on his horse
              C         Bm7
You know he feel no remorse
       Am7        C
He just kicks it alive
Em             Bm7
  His motor is fine
           C        Bm7
He take it over the line
           Am7      C
Until he's ready to dive
```

Solo

𝄆 Em	Bm7	C	Bm7
Am7	Am7	C	C 𝄇

```
            C* D                                C* D
Chorus 2         And she tell him that he's crazy

            Yes she's saying listen baby
                      Em
            I'm your wife
            C* D                                 C* D
                 Yeah she tell him that he's crazy
                                           C*    Am9
            For gambling with his life

            Em                Bm7
Verse 4       He sticks to his guns
                        C             Bm7
            He take the road as it comes
                       Am7               C
            It take the shine off his shoes
            Em              Bm7
              He says it's a shame
                         C          Bm7
            You know it may be a game
                     Am7               C
            Ah but I won't play to lose

            Em                Bm7
Verse 5       He sticks to his guns
                        C             Bm7
            He take the road as it comes
                       Am7               C
            It take the shine off his shoes
            Em            Bm7
              He's too fast     to stop
                       C          Bm7
            He take it over the top
                         Am7
            He make a line in the news
```

On Every Street

Words & Music by Mark Knopfler

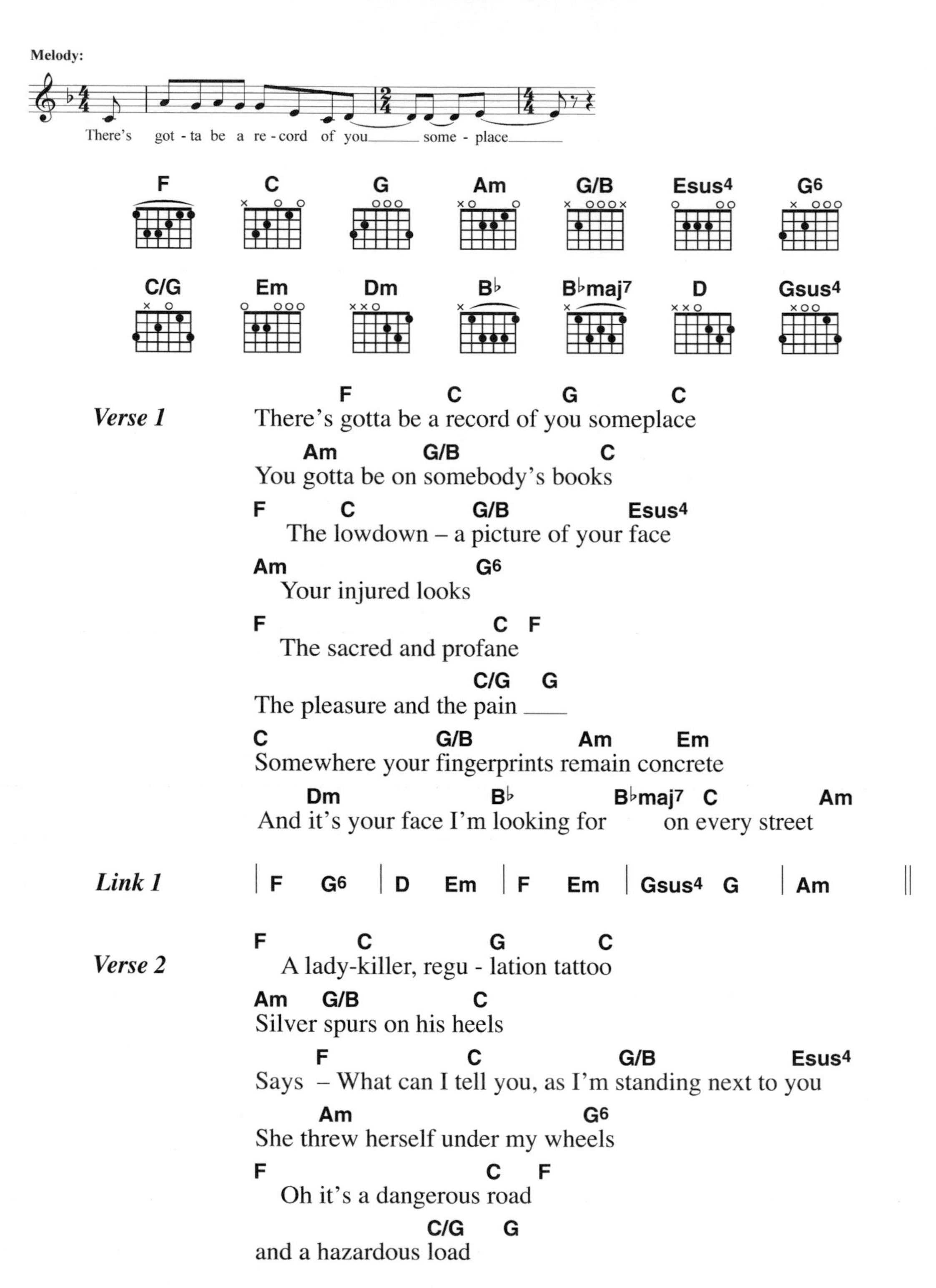

Melody:

There's got - ta be a re - cord of you some - place

F C G Am G/B Esus4 G6

C/G Em Dm B♭ B♭maj7 D Gsus4

Verse 1

F C G C
There's gotta be a record of you someplace

Am G/B C
You gotta be on somebody's books

F C G/B Esus4
The lowdown – a picture of your face

Am G6
Your injured looks

F C F
The sacred and profane

C/G G
The pleasure and the pain ___

C G/B Am Em
Somewhere your fingerprints remain concrete

Dm B♭ B♭maj7 C Am
And it's your face I'm looking for on every street

Link 1

| F G6 | D Em | F Em | Gsus4 G | Am ||

Verse 2

F C G C
A lady-killer, regu - lation tattoo

Am G/B C
Silver spurs on his heels

F C G/B Esus4
Says – What can I tell you, as I'm standing next to you

Am G6
She threw herself under my wheels

F C F
Oh it's a dangerous road

C/G G
and a hazardous load

```
Link 2     |: F    G6  | D    Em  | F    Em  | Gsus4  G  :| Am      ||

              F           C           G           C
Verse 3    A three-chord symphony crashes into space
              Am                G/B   C
           The moon is hanging upside down
           F               C            G/B         Esus4
              I don't know why it is I'm still on the case
           Am                  G6
              It's a ravenous town
           F                                 C        F
              And you still refuse to be traced
                                  C/G   G
           Seems to me such a waste
           C             G/B           Am                Em
              And every victory has a taste that's bitter - sweet
                 Dm                 B♭          B♭maj7          C      Am
           And it's your face I'm looking for          on every street
                  Dm                 B♭          B♭maj7          C      Am
           Yeah, it's your face I'm looking for          on every street

Coda       |: F    G6  | D    Em  | F    Em  | Gsus4  G  :| Ad lib. to fade
```

Once Upon A Time In The West

Words & Music by Mark Knopfler

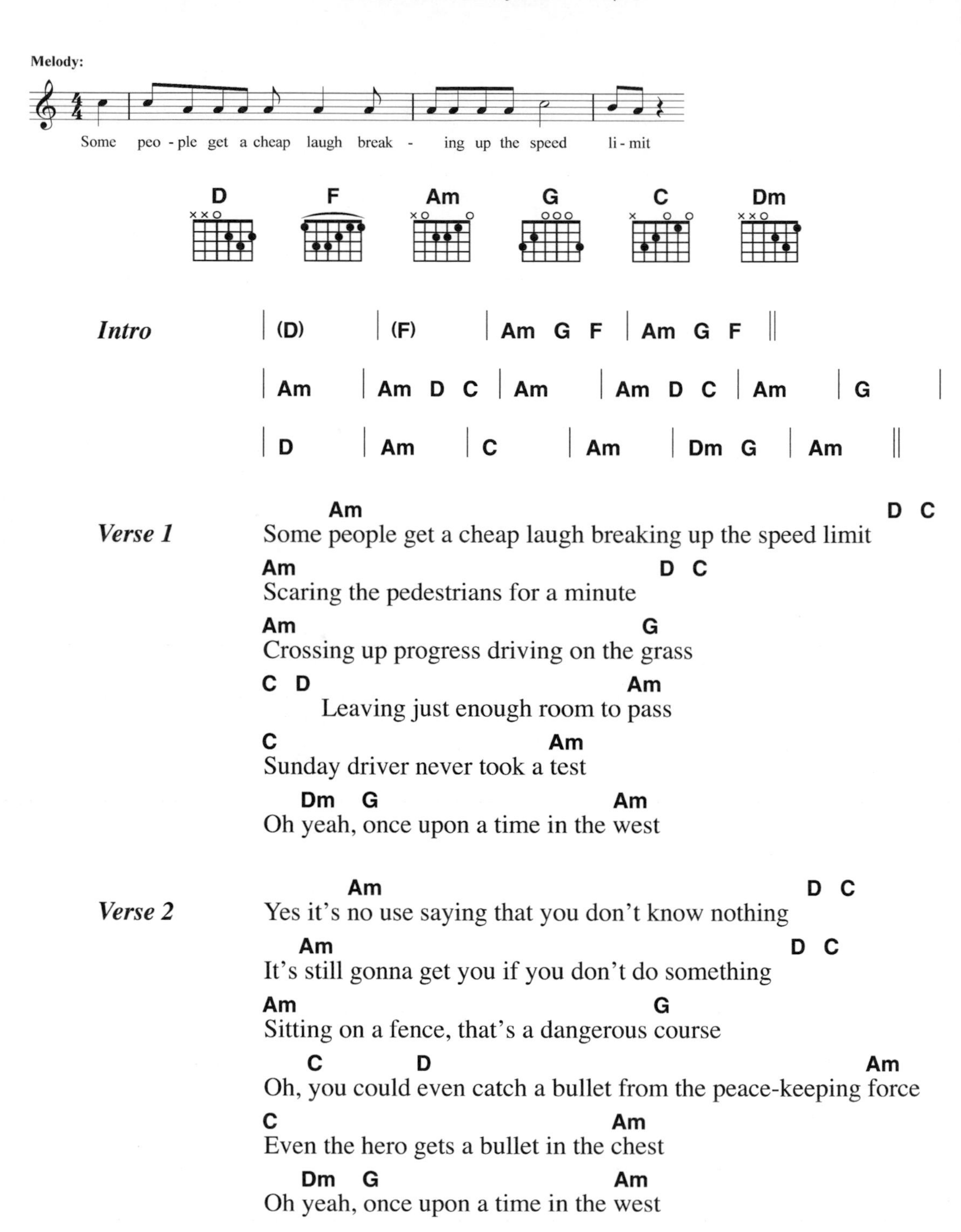

Intro | (D) | (F) | Am G F | Am G F ||
| Am | Am D C | Am | Am D C | Am | G |
| D | Am | C | Am | Dm G | Am ||

Verse 1

```
           Am                                          D  C
Some people get a cheap laugh breaking up the speed limit
Am                                  D  C
Scaring the pedestrians for a minute
Am                                  G
Crossing up progress driving on the grass
C   D                                Am
       Leaving just enough room to pass
C                              Am
Sunday driver never took a test
    Dm   G                          Am
Oh yeah, once upon a time in the west
```

Verse 2

```
            Am                                     D  C
Yes it's no use saying that you don't know nothing
    Am                                           D  C
It's still gonna get you if you don't do something
Am                                     G
Sitting on a fence, that's a dangerous course
     C           D                                       Am
Oh, you could even catch a bullet from the peace-keeping force
C                                   Am
Even the hero gets a bullet in the chest
    Dm   G                          Am
Oh yeah, once upon a time in the west
```

Solo 1

| D | F | Am G F || Am | Am D C | Am |

| Am D C | Am | G | D | Am | C |

| Am | Dm G | Am | D | F | Am G F ||

Verse 3

```
Am                                     D C
Mother Mary your children are slaughtered
Am                                              D C
Some of you mothers ought to lock up your daughters
Am                  G
Who's protecting the innocenti
C D                     Am
   Heap big trouble in the land of plenty
C                           Am
   Tell me how we're gonna do what's best
   Dm  G                   Am
You guess once upon a time in the west
```

Coda

```
   Dm  G                   Am
Oh yeah once upon a time in the west
   Dm  G                   Am
Oh yeah once upon a time in the west
   Dm  G                   Am
Oh yeah once upon a time in the west
```

Solo 2

| Dm G | Am | Dm G | Am | Dm G | Am ||

```
Dm                G                   Am
Once upon a time, once upon a time in the west
  Dm   G                    Am
||:    Once upon a time in the west  :||   Repeat ad lib. to fade
```

One World

Words & Music by Mark Knopfler

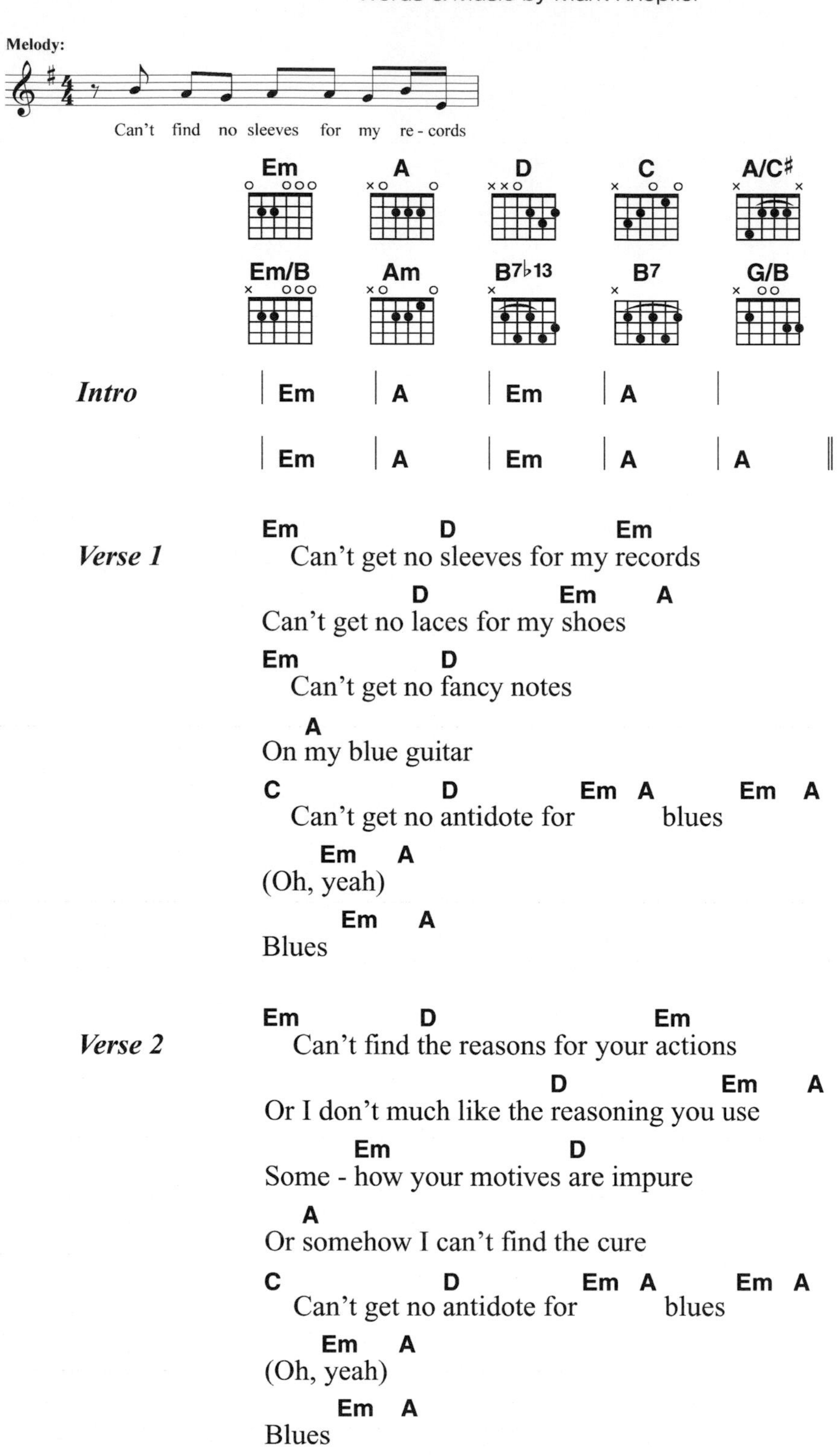

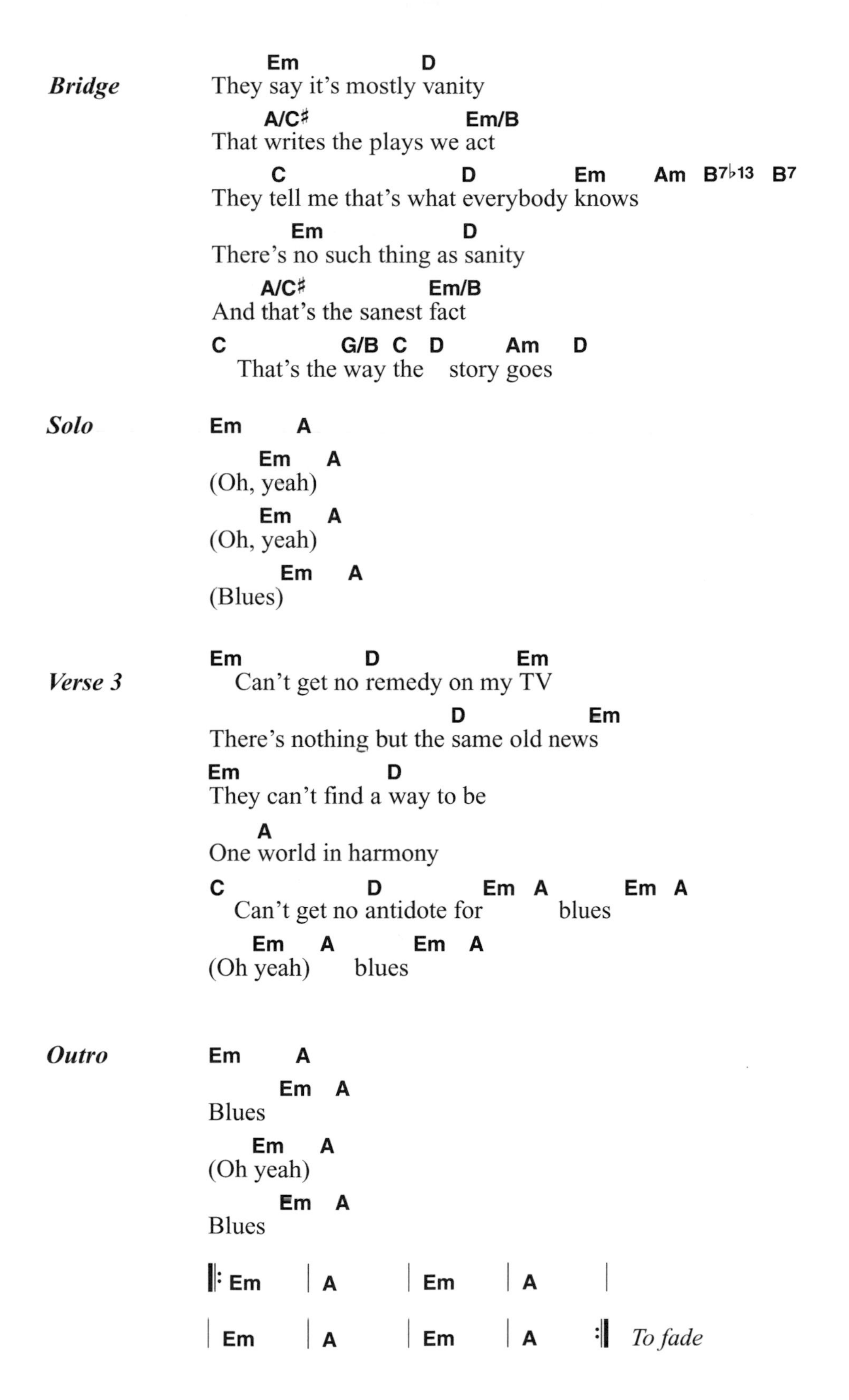

Bridge
Em D
They say it's mostly vanity
A/C♯ Em/B
That writes the plays we act
C D Em Am B7♭13 B7
They tell me that's what everybody knows
Em D
There's no such thing as sanity
A/C♯ Em/B
And that's the sanest fact
C G/B C D Am D
That's the way the story goes
Solo
Em A
Em A
(Oh, yeah)
Em A
(Oh, yeah)
Em A
(Blues)
Verse 3
Em D Em
Can't get no remedy on my TV
D Em
There's nothing but the same old news
Em D
They can't find a way to be
A
One world in harmony
C D Em A Em A
Can't get no antidote for blues
Em A Em A
(Oh yeah) blues
Outro
Em A
Em A
Blues
Em A
(Oh yeah)
Em A
Blues
𝄆 Em | A | Em | A |
| Em | A | Em | A 𝄇 To fade

Planet Of New Orleans

Words & Music by Mark Knopfler

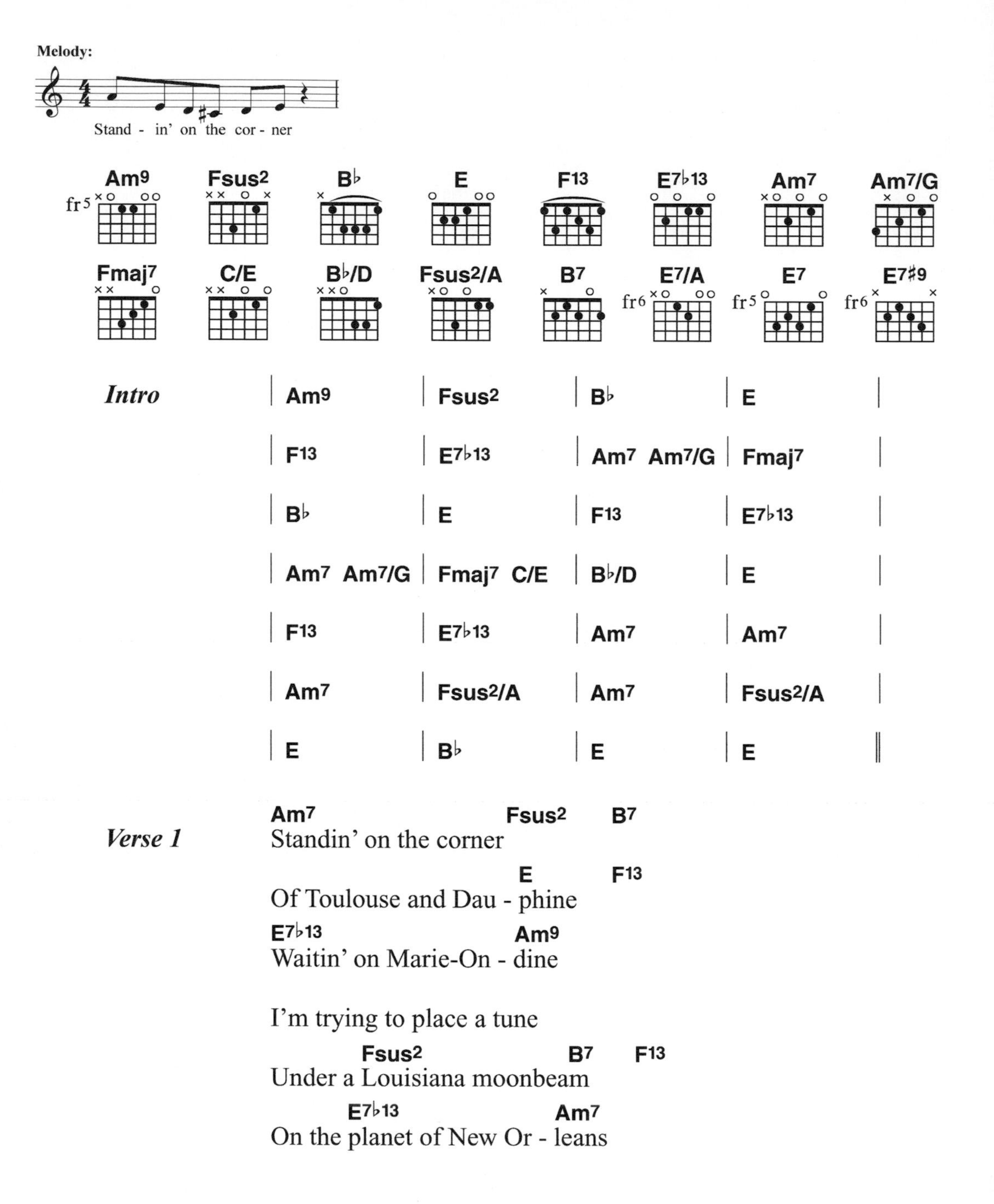

Verse 2

Am7 Fsus2 B7
In a bar they call the saturn

E F13
And in her eyes of green

E7♭13 Am9
And somethin' that she said in a dream

Fsus2
Inside of my suit I got my mojo root

B7 F13
And a true love figurine

E7♭13 Am7
For the planet of New Or - leans

Chorus 1

Am9 E7/A
New Or - leans

E
With other life upon it

Am7
And everythin' that's shakin' in be - tween

Am9 E7
If you should ever land upon it

F13
You better know what's on it

E7♭13 Am7
The planet of New Or - leans

Verse 3

Am7 Fsus2 B7
Now I'm tryin' to find my way

E F13
Through the rain and the steam

E7♭13 Am9 E7♯9
I'm lookin' straight ahead through the screen

Am9 Fsus2 B7
And then I heard her say

Somethin' in the limousine

F13 E7♭13 Am7
'Bout taking a ride across the planet of New Or - leans

Solos

	: Am7	Fsus2	B7	E
F13	E7♭13	Am9	Am9 E7♯9
Am9	Fsus2	B7	B7
F13	E7♭13 :	

Link 1

Am7	Am7	Fsus2/A	Fsus2/A
Am9	Am9	Fsus2/A	Fsus2/A
E	E	Fsus2	Fsus2/A
E	E	E	E	

Verse 4

Am7
If she was an ace
Fsus2
And I was just a jack
B7 E F13
And the cards were never seen
E7♭13 Am9 E7♯9
We could have been the king and the queen
Am9 Am7/G Fsus2
But she took me on back to her courtyard
B7
Where mag - nolia perfume screams
F13
Behind the gates and the granite
E7♭13 Am7
of the planet of New Or - leans

Chorus 2

Am9 E7/A
New Or - leans (the other planet)
E
With other life upon it
Am7
And everythin' that's shakin' in be - tween
Am9 E7
If you should ever land upon it
F13
You better know what's on it
E7♭13 Am7 E7/A
The planet of New Or - leans

cont.

With other life upon it

```
                                              Am7
And everythin' that's shakin' in be - tween
Am9                                           E7
   If you should ever land upon it
                                         F13
You better know what's on it
      E7♭13                  Am9      Fsus2   B7   E   F13
The planet of New Or - leans
      E7♭13                  Am9
The planet of New Or - leans
```

Outrro

𝄆 Am9 | Fsus2 | B♭ | E | F13 | E7♭13 𝄇

Play 6 times to fade

Private Investigations

Words & Music by Mark Knopfler

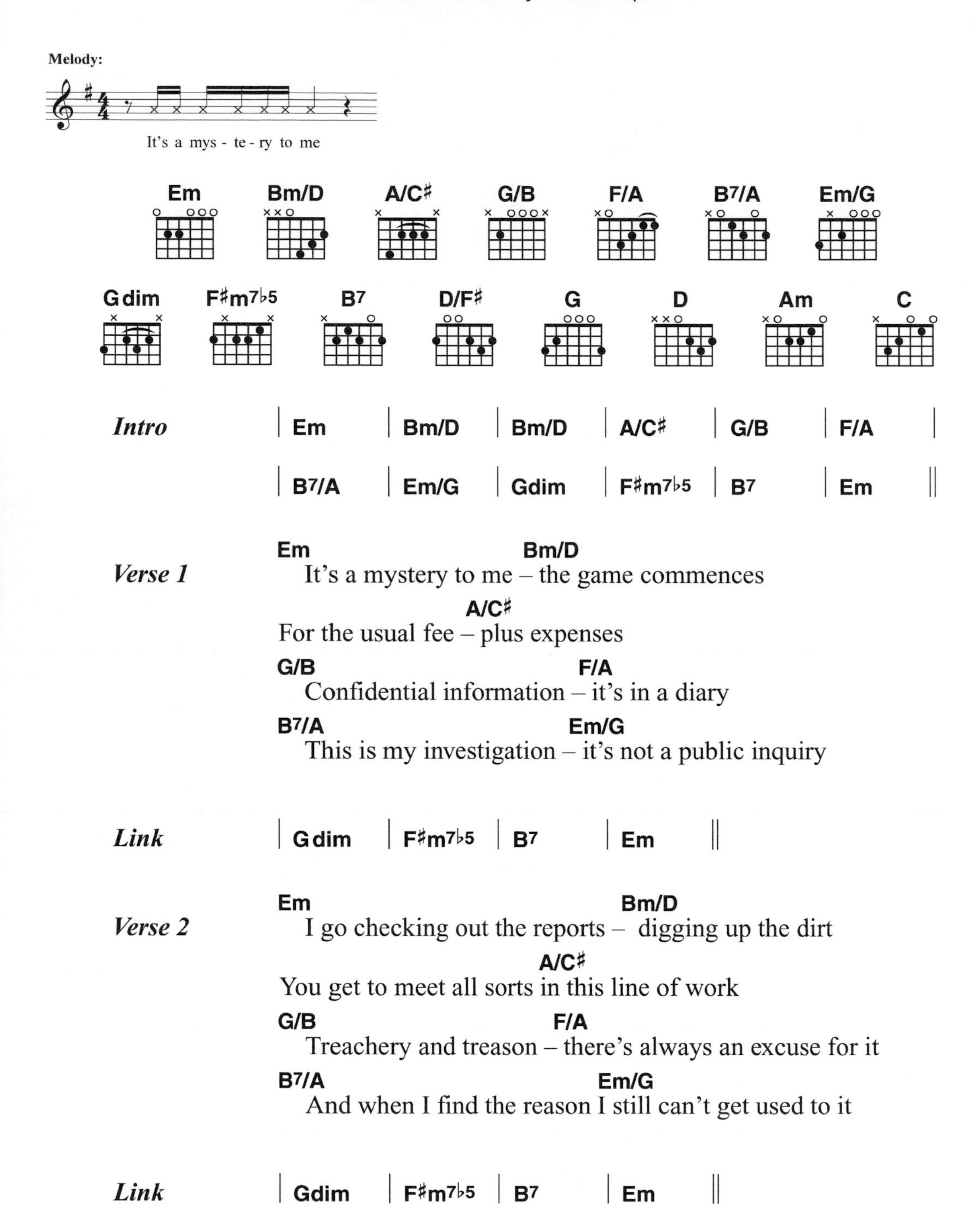

Intro

| Em | Bm/D | Bm/D | A/C♯ | G/B | F/A |
| B7/A | Em/G | Gdim | F♯m7♭5 | B7 | Em ||

Verse 1

Em Bm/D
It's a mystery to me – the game commences
A/C♯
For the usual fee – plus expenses
G/B F/A
Confidential information – it's in a diary
B7/A Em/G
This is my investigation – it's not a public inquiry

Link

| Gdim | F♯m7♭5 | B7 | Em ||

Verse 2

Em Bm/D
I go checking out the reports – digging up the dirt
A/C♯
You get to meet all sorts in this line of work
G/B F/A
Treachery and treason – there's always an excuse for it
B7/A Em/G
And when I find the reason I still can't get used to it

Link

| Gdim | F♯m7♭5 | B7 | Em ||

Bridge

```
D/F♯  G                           D
        And what have you got   at the end of the day?
Am                           Em                D/F♯
   What have you got      to take away?
G                          D
   A bottle of whisky      and a new set of lies
C                                    B7
   Blinds on the window and a pain behind the eyes
```

Solo

```
| Em    | Bm/D  | Bm/D  | A/C♯     | G/B | F/A |
| B7/A  | Em/G  | Gdim  | F♯m7♭5   | B7  | Em  ||
```

Verse 3

```
Gdim                   F♯m7♭5
   Scarred for life  –  no compensation
B7
   Private investigations
```

Coda

Em *Ad lib. to fade*

Portobello Belle

Words & Music by Mark Knopfler

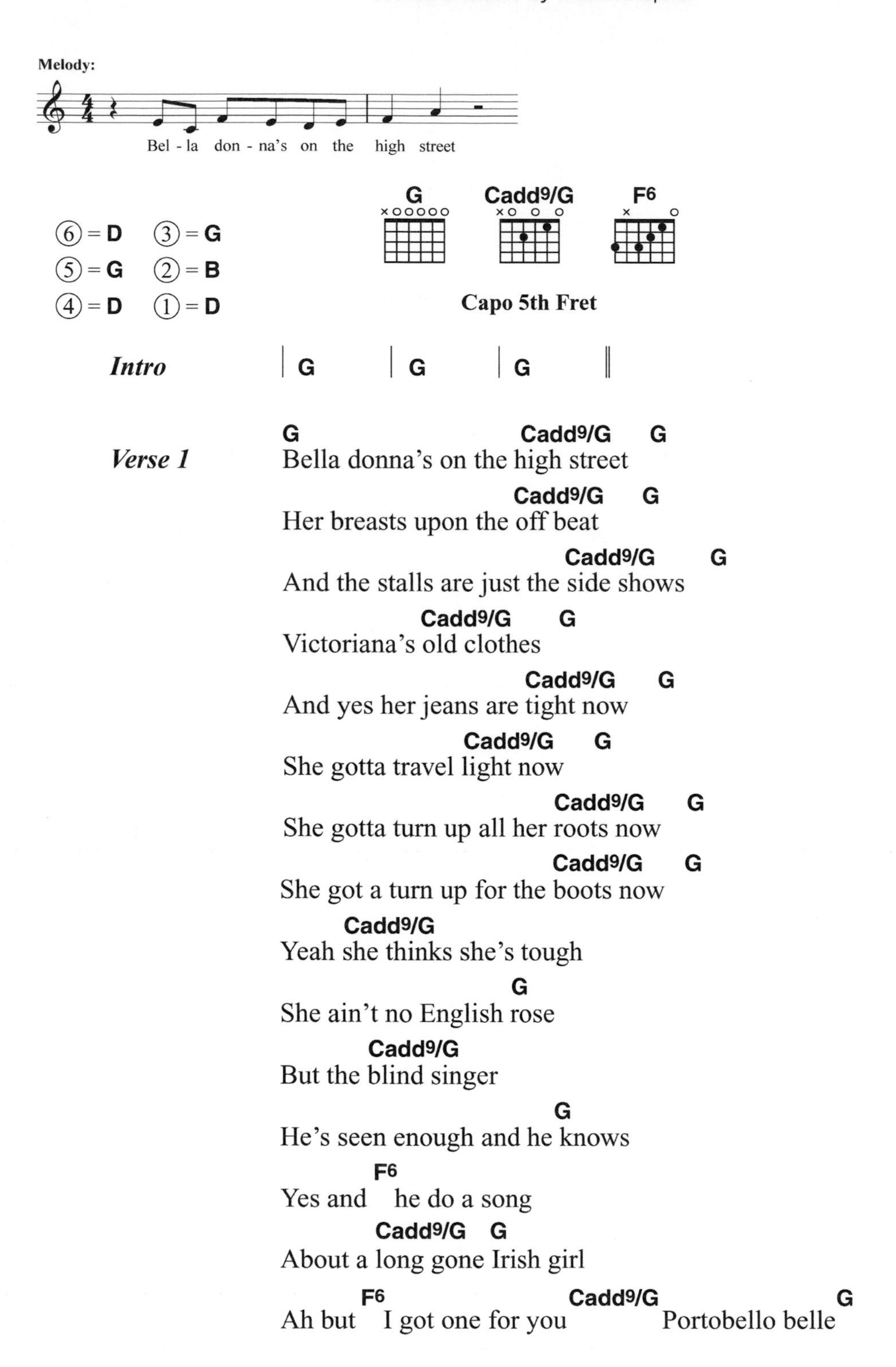

Verse 2

```
G                       Cadd9/G     G
She sees a man upon his back there
                 Cadd9/G      G
Escaping from a sack there
                 Cadd9/G   G
And bella donna lingers
                       Cadd9/G   G
Her gloves they got no fingers
                            Cadd9/G   G
Yeah, the blind man singing Irish
                      Cadd9/G     G
He get his money in a tin dish
                   Cadd9/G  G
Just a corner sere - nader
                           Cadd9/G             G
Upon a time he could have made her, made her
     Cadd9/G
Yeah she thinks she's tough
                     G
She ain't no English rose
        Cadd9/G
But the blind singer
                         G
He's seen enough and he knows
        F6
Yes and   he do a song
        Cadd9/G  G
About a long gone Irish girl
       F6                  Cadd9/G                 G
Ah but   I got one for you        Portobello belle
```

Verse 3

```
G                           Cadd9/G     G
Yes and the barrow boys are hawking
                  Cadd9/G     G
And a parakeet is squawking
                       Cadd9/G   G
Upon a truck there is a rhino
                       Cadd9/G   G
She get the crying of a wino
                             Cadd9/G   G
And then she hear the reggae rumble
                     Cadd9/G    G
Bella donna's in the jungle
                     Cadd9/G    G
But she is no garden flower
                          Cadd9/G    G
There is no distress in the tower
```

cont.

```
       Cadd9/G
Oh, Bella donna walks

                             G
Bella donna taking a stroll

               Cadd9/G
She don't care about your window box

                G
Or your button hole

               F6                              Cadd9/G    G
Yes and she    sing a song about a long gone Irish girl

          F6                    Cadd9/G                G
Ah but    I got one for you               Portobello belle
```

Outro

```
||: Cadd9/G | G        | Cadd9/G | G        |
|  Cadd9/G  | G        | Cadd9/G | G       :||
```
Play 3 times to fade

Romeo And Juliet

Words & Music by Mark Knopfler

Melody:

A love - struck Ro - me - o sings a street - suss se - re - nade

F C B♭ fr4 Dm Gm C

Tuning: D, G, D, G, B, D, capo 3rd fret

Intro ‖: F C | B♭ C | F C | B♭ C :‖

Verse 1

F Dm C
A lovestruck Romeo sings a streetsuss serenade
F Dm B♭
Laying everybody low with a lovesong that he made
C B♭ C F
Finds a convenient streetlight steps out of the shade
B♭ C
Says something like you and me babe how a - bout it?

Verse 2

F Dm C
Juliet says hey it's Romeo you nearly gimme a heart attack
F Dm B♭
He's underneath the window she's singing hey la my boyfriend's back
C B♭ C F
You shouldn't come around here singing up at people like that
B♭ C
Anyway what you gonna do a - bout it?

Chorus 1

F C Dm C B♭
Juliet the dice were loaded from the start
F C Dm C B♭
And I bet and you ex - ploded in my heart
C F B♭ Dm B♭
And I for - get I for - get the movie song
Gm F B♭ C Dm C F
When you gonna realise it was just that the time was wrong Juliet?

Link | B♭ | F C | B♭ C ‖

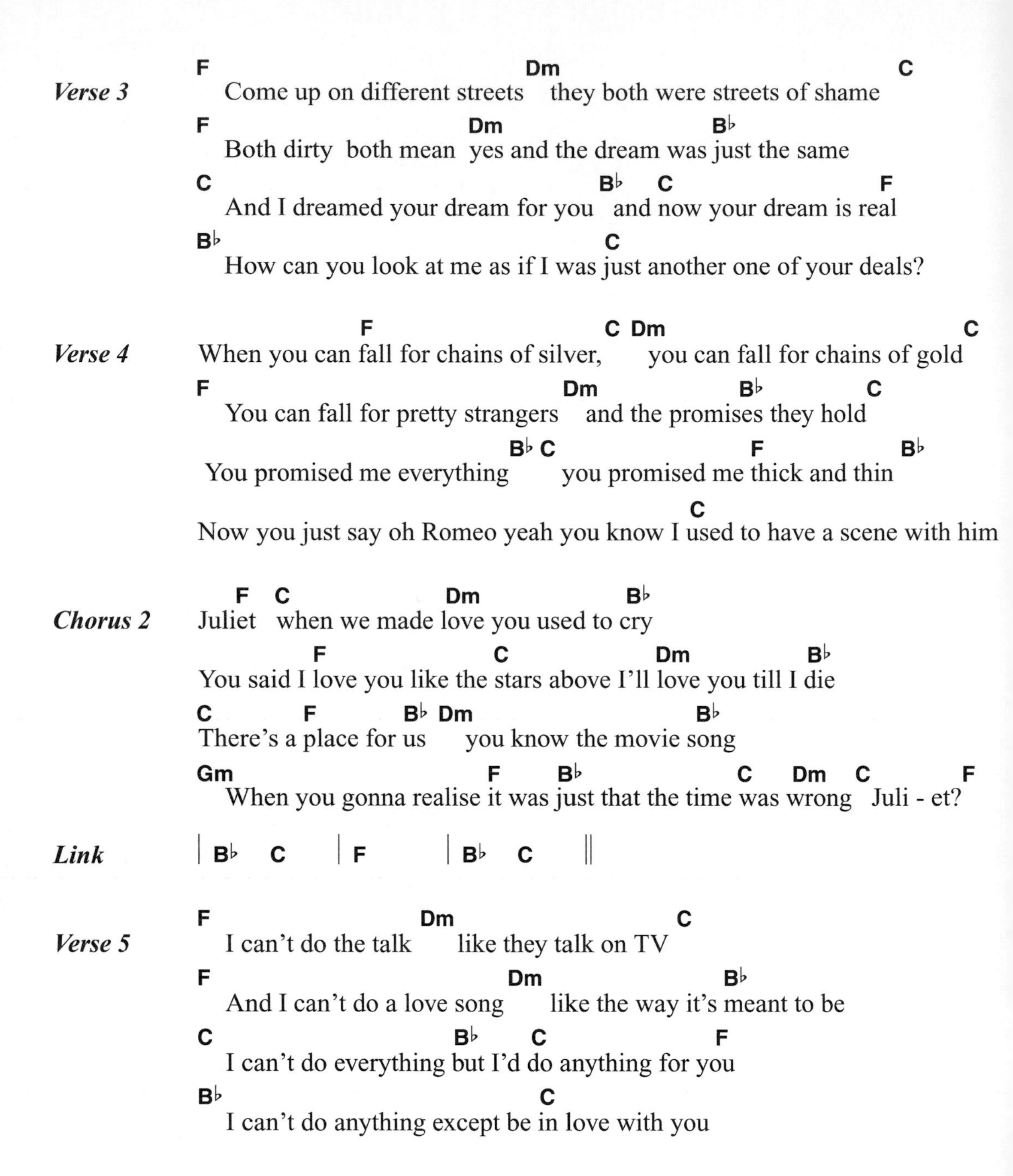
Verse 3
F Dm C
Come up on different streets they both were streets of shame
F Dm B♭
Both dirty both mean yes and the dream was just the same
C B♭ C F
And I dreamed your dream for you and now your dream is real
B♭ C
How can you look at me as if I was just another one of your deals?
Verse 4
F C Dm C
When you can fall for chains of silver, you can fall for chains of gold
F Dm B♭ C
You can fall for pretty strangers and the promises they hold
B♭ C F B♭
You promised me everything you promised me thick and thin
C
Now you just say oh Romeo yeah you know I used to have a scene with him
Chorus 2
F C Dm B♭
Juliet when we made love you used to cry
F C Dm B♭
You said I love you like the stars above I'll love you till I die
C F B♭ Dm B♭
There's a place for us you know the movie song
Gm F B♭ C Dm C F
When you gonna realise it was just that the time was wrong Juli - et?
Link
| B♭ C | F | B♭ C ||
Verse 5
F Dm C
I can't do the talk like they talk on TV
F Dm B♭
And I can't do a love song like the way it's meant to be
C B♭ C F
I can't do everything but I'd do anything for you
B♭ C
I can't do anything except be in love with you

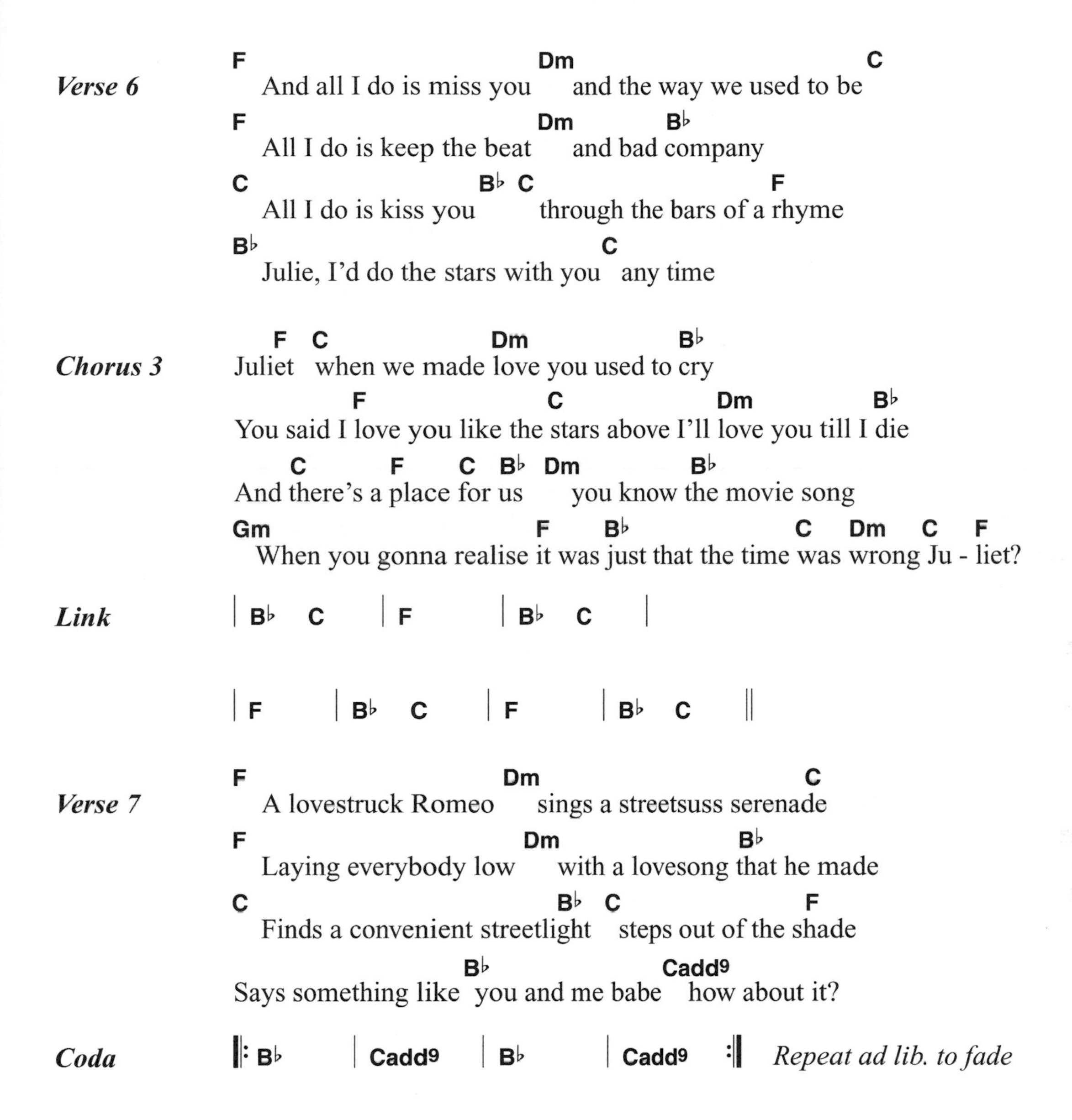
Verse 6
F Dm C
And all I do is miss you and the way we used to be
F Dm B♭
All I do is keep the beat and bad company
C B♭ C F
All I do is kiss you through the bars of a rhyme
B♭ C
Julie, I'd do the stars with you any time
Chorus 3
F C Dm B♭
Juliet when we made love you used to cry
F C Dm B♭
You said I love you like the stars above I'll love you till I die
C F C B♭ Dm B♭
And there's a place for us you know the movie song
Gm F B♭ C Dm C F
When you gonna realise it was just that the time was wrong Ju - liet?
Link
| B♭ C | F | B♭ C |
| F | B♭ C | F | B♭ C ||
Verse 7
F Dm C
A lovestruck Romeo sings a streetsuss serenade
F Dm B♭
Laying everybody low with a lovesong that he made
C B♭ C F
Finds a convenient streetlight steps out of the shade
B♭ Cadd9
Says something like you and me babe how about it?
Coda
‖: B♭ | Cadd9 | B♭ | Cadd9 :‖ Repeat ad lib. to fade

Ride Across The River

Words & Music by Mark Knopfler

Melody:

I'm a sol - dier of free - dom in the ar - my of (the) man

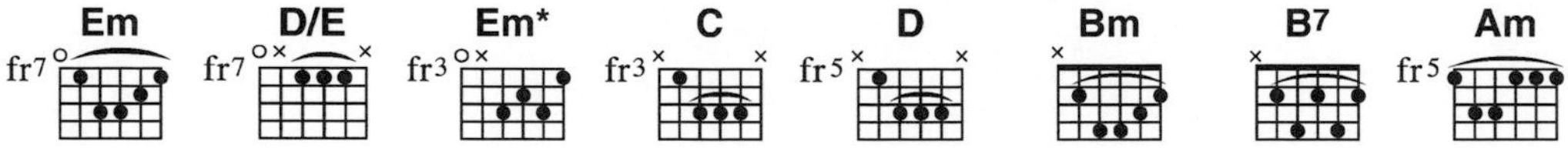

Em fr7 | D/E fr7 | Em* fr3 | C fr3 | D fr5 | Bm | B7 | Am fr5

```
Intro      |: Em        | Em          | Em          | Em          :|

           |: Em        | D/E  Em*    | Em*         | Em*         :|


                 Em                                D/E       Em*
Verse 1    I'm a soldier of freedom in the army of man
           Em                              D/E       Em*
           We are the chosen, we're the parti - san
              C                         D          Bm       Em   D
           The cause it is noble and the cause it is just
                C                       D          Bm           B7
           We are ready to pay with our lives if we must


                C                        Am         D    C   D        Am   Em   D    Bm
Chorus 1   Gonna ride across the river deep and wide
           C                            D           Em
           Ride across the river to the other side


                 Em                               D/E             Em*
Verse 2    I'm a soldier of fortune, I'm a dog of war
                   Em                               D/E          Em*
           And we don't give a damn who the killing is for
                C                       D            Bm             Em   D
           It's the same old story with a different       name
           C                          D         Bm        B7
              Death or glory, it's the killing game


                C                        Am         D    C   D        Am   Em   D    Bm
Chorus 2   Gonna ride across the river deep and wide
           C                      D
           Ride across the river     to the other side
```

Link 1 | Em | Em | Em | Em ||

Solo

|: Em | D/E Em* | Em* | Em* :|

| C | D | Bm | Em D |

| C | D | Bm | B7 |

| C | Am D C | D | Am Em D | Bm |

| C | D | Em | Em |

| Em | Em ||

Link 2 |: Em | Em | Em | Em :| *Play 4 times*

Verse 3

Em D/E Em*
Nothing gonna stop them as the day follows the night
Em D/E Em*
Right becomes wrong, the left becomes the right
C D Bm Em D
And they sing as they march with their flags un - furled
C D Bm B7
To - day in the mountains, to - morrow the world

Chorus 3

C Am D C D Am Em D Bm
Gonna ride across the river deep and wide
C D Em
Ride across the river to the other side

Chorus 4

C Am D C D Am Em D Bm
Gonna ride across the river deep and wide
C D
Ride across the river to the other side

Link 3 |: Em | Em | Em | Em :|

Outro |: Em | Em | Em | Em :| *Play 20 times ad lib. to fade*

Setting Me Up

Words & Music by Mark Knopfler

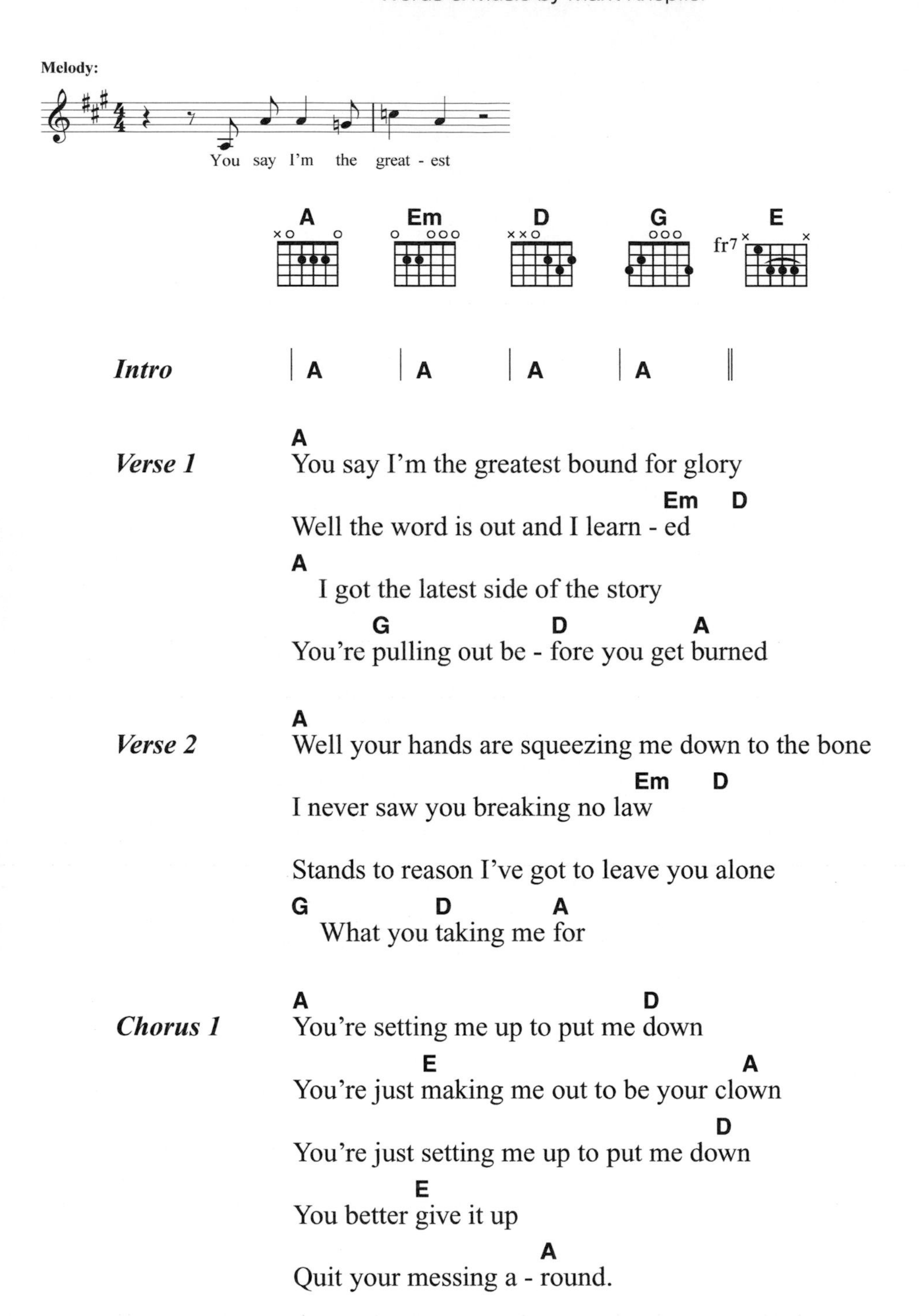

Intro | A | A | A | A ||

Verse 1

A
You say I'm the greatest bound for glory
Em D
Well the word is out and I learn - ed
A
I got the latest side of the story
G D A
You're pulling out be - fore you get burned

Verse 2

A
Well your hands are squeezing me down to the bone
Em D
I never saw you breaking no law

Stands to reason I've got to leave you alone
G D A
What you taking me for

Chorus 1

A D
You're setting me up to put me down
E A
You're just making me out to be your clown
D
You're just setting me up to put me down
E
You better give it up
A
Quit your messing a - round.

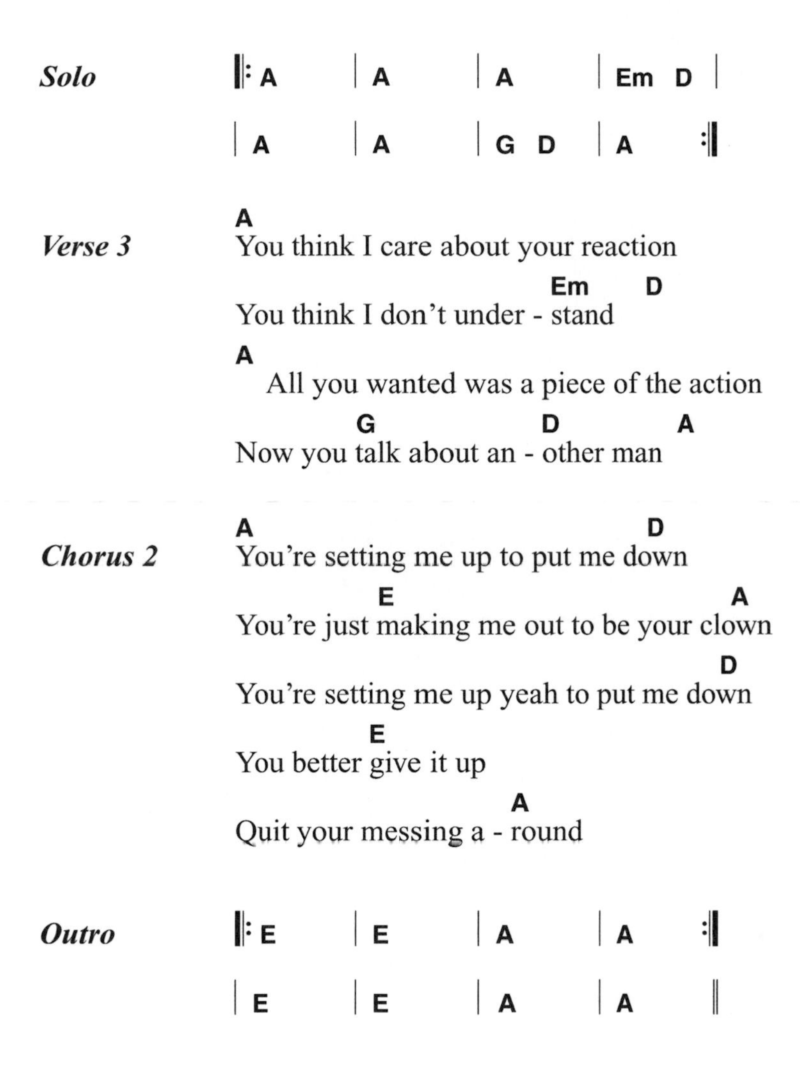
Solo
|: A | A | A | Em D |
| A | A | G D | A :|
Verse 3
A
You think I care about your reaction
Em D
You think I don't under - stand
A
All you wanted was a piece of the action
G D A
Now you talk about an - other man
Chorus 2
A D
You're setting me up to put me down
E A
You're just making me out to be your clown
D
You're setting me up yeah to put me down
E
You better give it up
A
Quit your messing a - round
Outro
|: E | E | A | A :|
| E | E | A | A ||

Single-Handed Sailor

Words & Music by Mark Knopfler

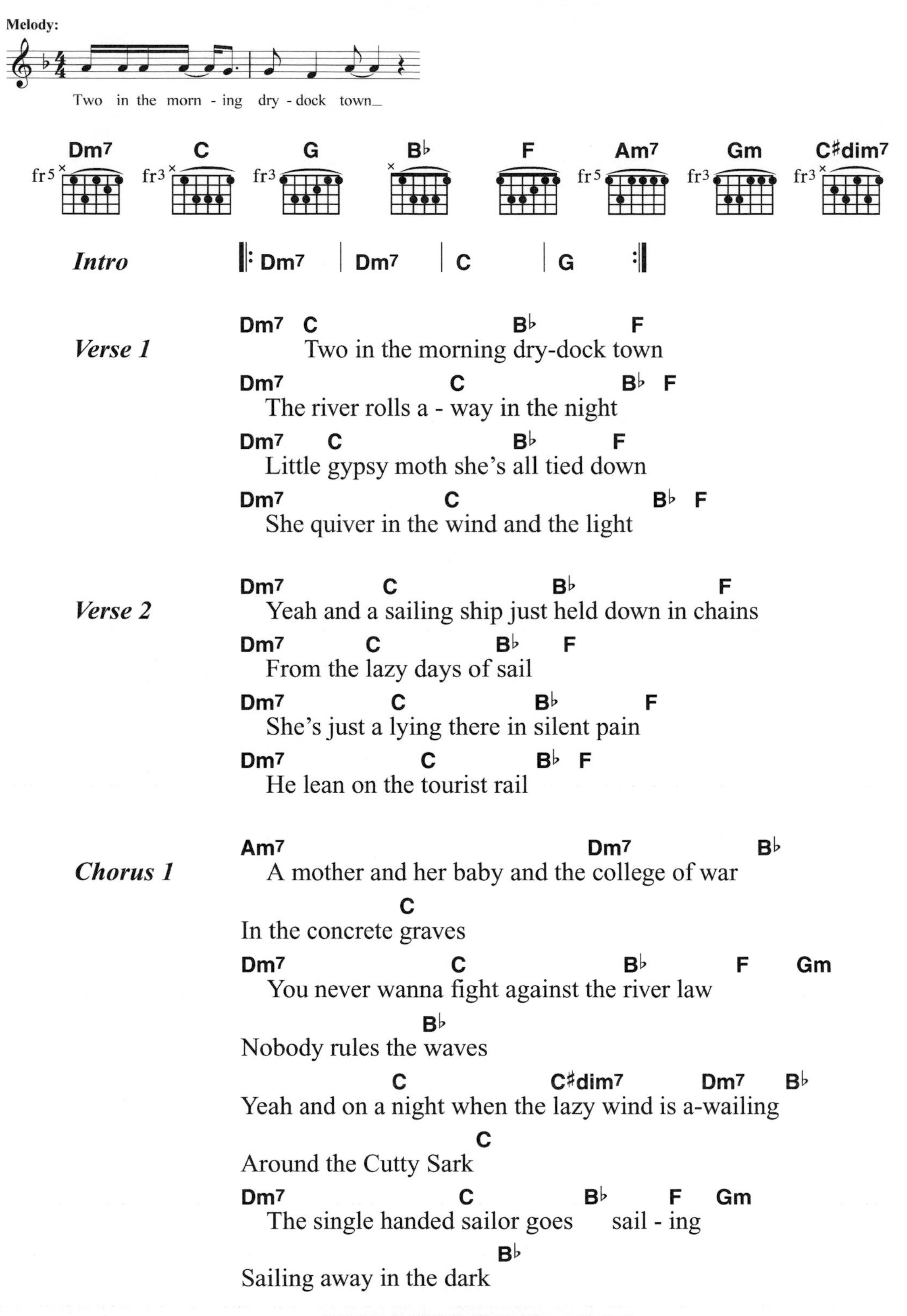

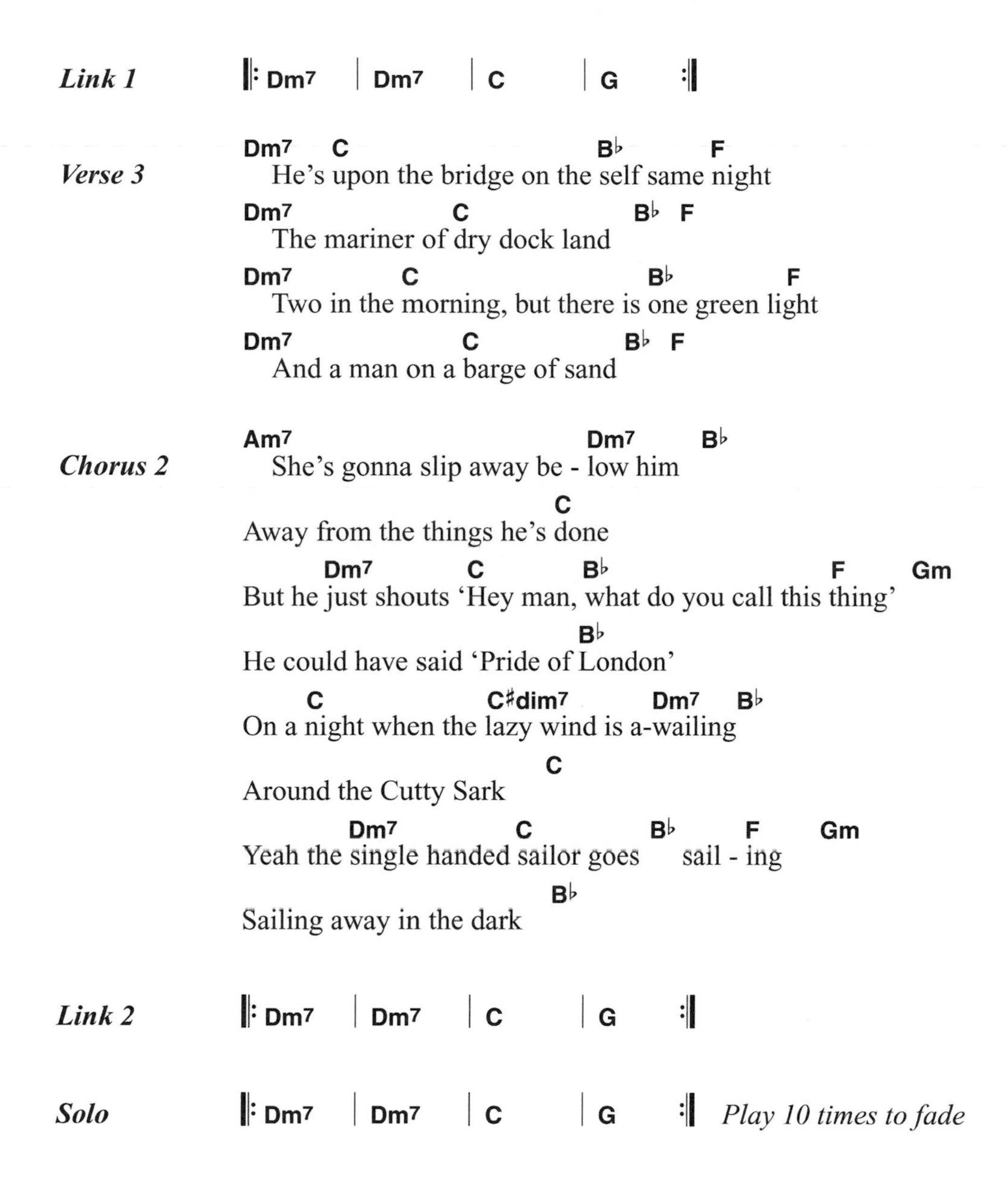
Link 1
‖: Dm7 | Dm7 | C | G :‖
Verse 3
Dm7 C Bb F
He's upon the bridge on the self same night
Dm7 C Bb F
The mariner of dry dock land
Dm7 C Bb F
Two in the morning, but there is one green light
Dm7 C Bb F
And a man on a barge of sand
Chorus 2
Am7 Dm7 Bb
She's gonna slip away be - low him
C
Away from the things he's done
Dm7 C Bb F Gm
But he just shouts 'Hey man, what do you call this thing'
Bb
He could have said 'Pride of London'
C C#dim7 Dm7 Bb
On a night when the lazy wind is a-wailing
C
Around the Cutty Sark
Dm7 C Bb F Gm
Yeah the single handed sailor goes sail - ing
Bb
Sailing away in the dark
Link 2
‖: Dm7 | Dm7 | C | G :‖
Solo
‖: Dm7 | Dm7 | C | G :‖ Play 10 times to fade

Six Blade Knife

Words & Music by Mark Knopfler

Melody:

Your six - blade knife can do an - y - thing for you

Am C D Dm G

Intro | Am | C D | Am | C D | *Play 4 times*

Verse 1

```
      Am             C                 D        Am     C  D  Am
Your six blade knife   can do any - thing for you
C       D                  Am       C  D
   Any - thing you want it to
Am               C            D
   One blade for breaking my heart
Am               C              D
   One blade for tearing me a - part
      Am             C          D        Am    C  D
Your six blade knife – do any - thing for you
```

Verse 2

```
              Am                        C                D         Am  C  D
You can take away my mind like you take away the top of a tin
                Am                      C              D           Am  C  D
When you come up from behind and lay it down cold on my skin
           Am         C                 D        Am
Took a stone from my    soul when I was lame
                   C        D
Just so you could make me tame
     Am                                      C           D Am C  D
You take away my mind like you take away the top of a tin
```

Bridge

```
Dm                 C                G          D
   I'd like to be free of it now  –  I don't want it no more
Dm                 C                G                       D
   I'd like to be free of it now  –  you know I don't want it no more
```

Solo

```
||: Am   | C  D  | Am   | C  D  :||  Play 4 times
```

Verse 3

```
          Am                          C                D             Am    C
Every - body got a knife it can be just what you want it to be
   Am               C                        D          Am         C  D
A needle a wife or something that you just can't see
     Am      C                    D      Am
You know it keeps you strong
```

```
               C           D
Yes and it'll do me wrong
      Am                C           D           Am C
Your six blade knife – do any - thing for you
           D                Am                C  D  Am  C  D
(Do any - thing, any - thing for you)
```

Outro

```
||: Am   | C  D  | Am   | C  D  :||  Play 7 times to fade
```

Skateaway

Words & Music by Mark Knopfler

Intro

|: D G | C | D G | C G :|

Verse 1

```
(G)       D                          G  C
I seen a girl on a one way corridor
                    D                G  C  G
Stealing down a wrong way street
D                             G     C
   For all the world like an urban toreador
           D           G   C           G
She had wheels on      on her feet
D                          G     C
   Well the cars do the usual dances
D                                  G          C         G
   The same old cruise and the kerbside crawl
D                              G      C
   But the rollergirl she's taking chances
D                       G        C           G
   They just love to see her    take them all
```

Chorus 1

```
A              C                    Em                   G
   No fears a - lone at night she's sailing through the crowd
A                 C                         G                     A     G  A
   In her ears the phones are tight and the music's playing loud
```

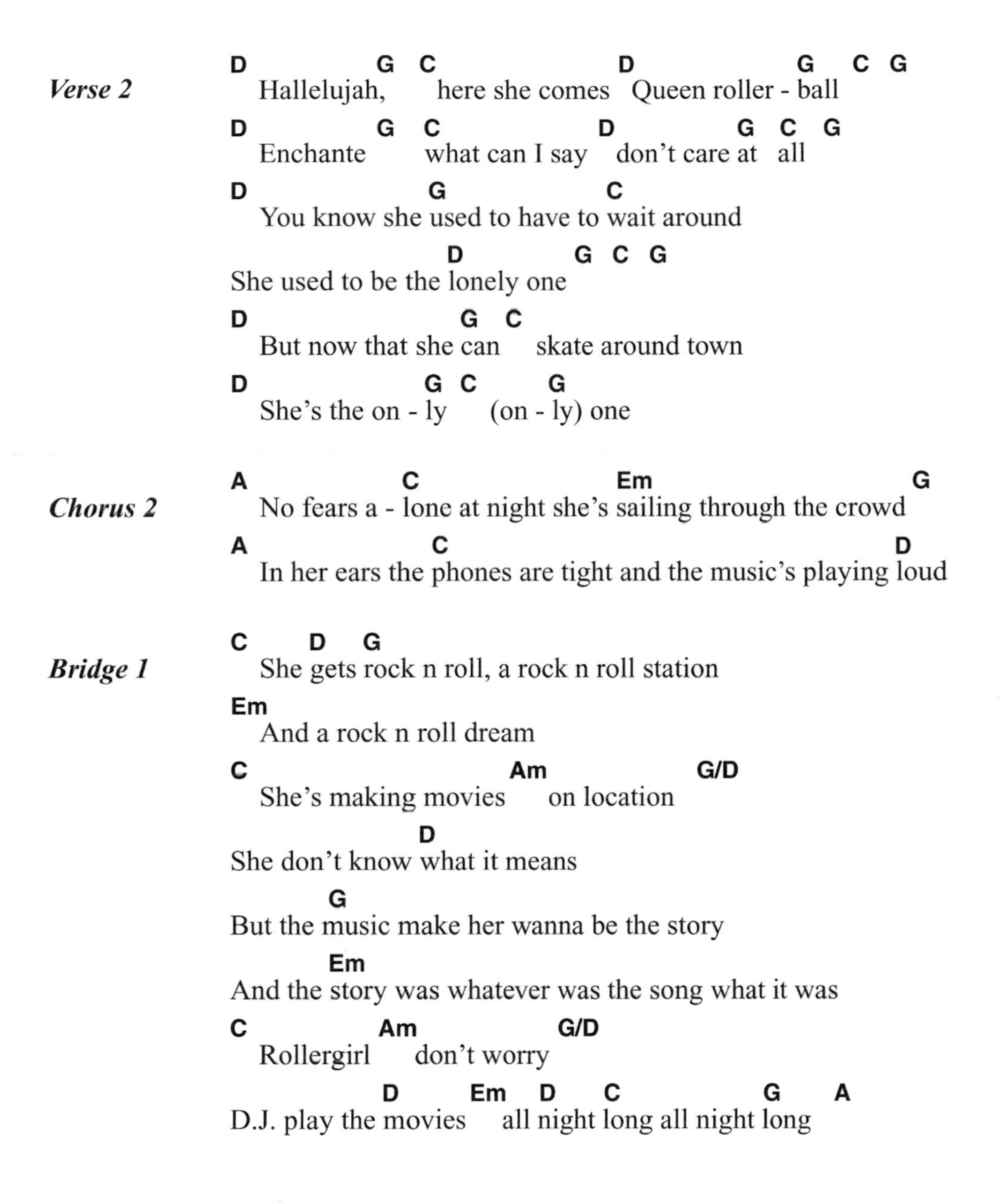
Verse 2
D G C D G C G
Hallelujah, here she comes Queen roller - ball
D G C D G C G
Enchante what can I say don't care at all
D G C
You know she used to have to wait around
D G C G
She used to be the lonely one
D G C
But now that she can skate around town
D G C G
She's the on - ly (on - ly) one
Chorus 2
A C Em G
No fears a - lone at night she's sailing through the crowd
A C D
In her ears the phones are tight and the music's playing loud
Bridge 1
C D G
She gets rock n roll, a rock n roll station
Em
And a rock n roll dream
C Am G/D
She's making movies on location
D
She don't know what it means
G
But the music make her wanna be the story
Em
And the story was whatever was the song what it was
C Am G/D
Rollergirl don't worry
D Em D C G A
D.J. play the movies all night long all night long

```
            D      G       C
Verse 3       She tortures taxi drivers just for fun
            D                                    G  C  G
              She like to read their lips
                D           G   C
            Says    Toro toro taxi   see ya tomorrow my son
            D                     G     C                 G
              I swear she let a big truck   graze her hip
            D                 G              C
              She got her own world in the city
            D                      G     C   G
              You can't intrude on her
            D              G    C
              She got her own world in the city
            D                    G C          G
              Cos the city's been so rude to her

            A              C               Em                     G
Chorus 3      No fear a - lone at night she's sailing through the crowd
            A                 C                                 D
              In her ears the phones are tight and the music's playing loud

            C     D   G
Bridge 2      She gets rock n roll, and  a rock n roll station
            Em
              And a rock n roll dream
            C                      Am              G/D
              She's making movies      on location
                          D
            She don't know what it means
                    G
            But the music make her wanna be the story
                    Em
            And the story was whatever was the song what it was
            C              Am              G/D
              Rollergirl      don't worry
                          D        Em   D     C     G    A
            D.J. play the movies     all night long
```

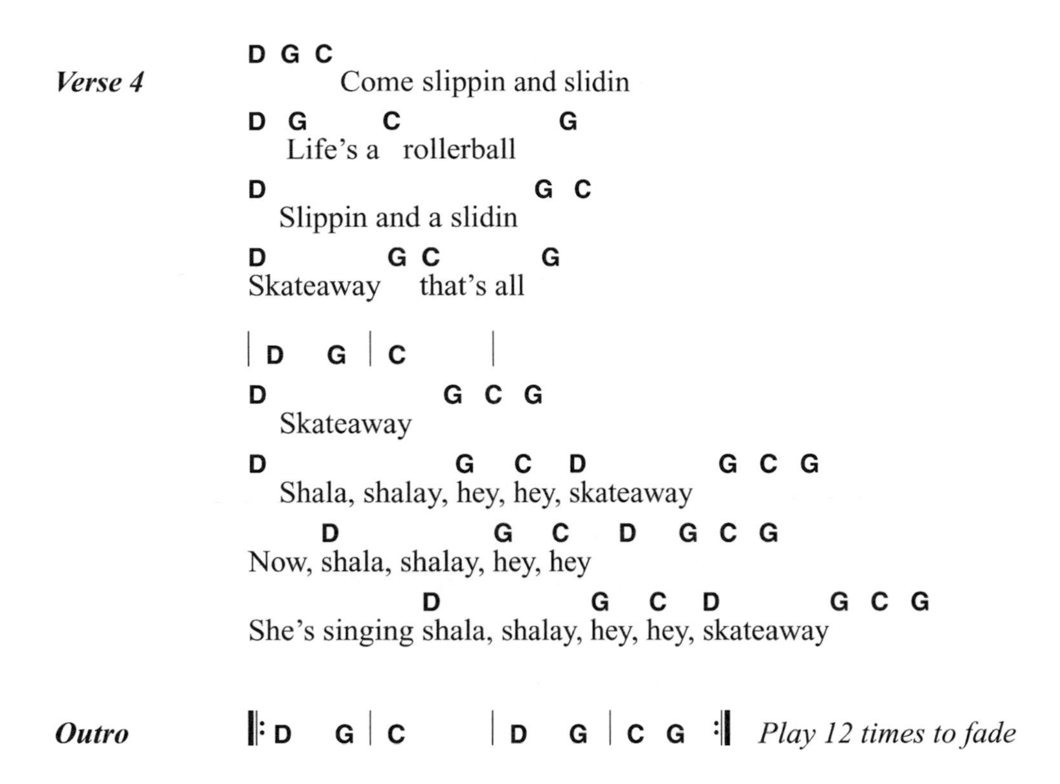
Verse 4
D G C
Come slippin and slidin
D G C G
Life's a rollerball
D G C
Slippin and a slidin
D G C G
Skateaway that's all
| D G | C |
D G C G
Skateaway
D G C D G C G
Shala, shalay, hey, hey, skateaway
D G C D G C G
Now, shala, shalay, hey, hey
D G C D G C G
She's singing shala, shalay, hey, hey, skateaway
Outro
|: D G | C | D G | C G :| Play 12 times to fade

So Far Away

Words & Music by Mark Knopfler

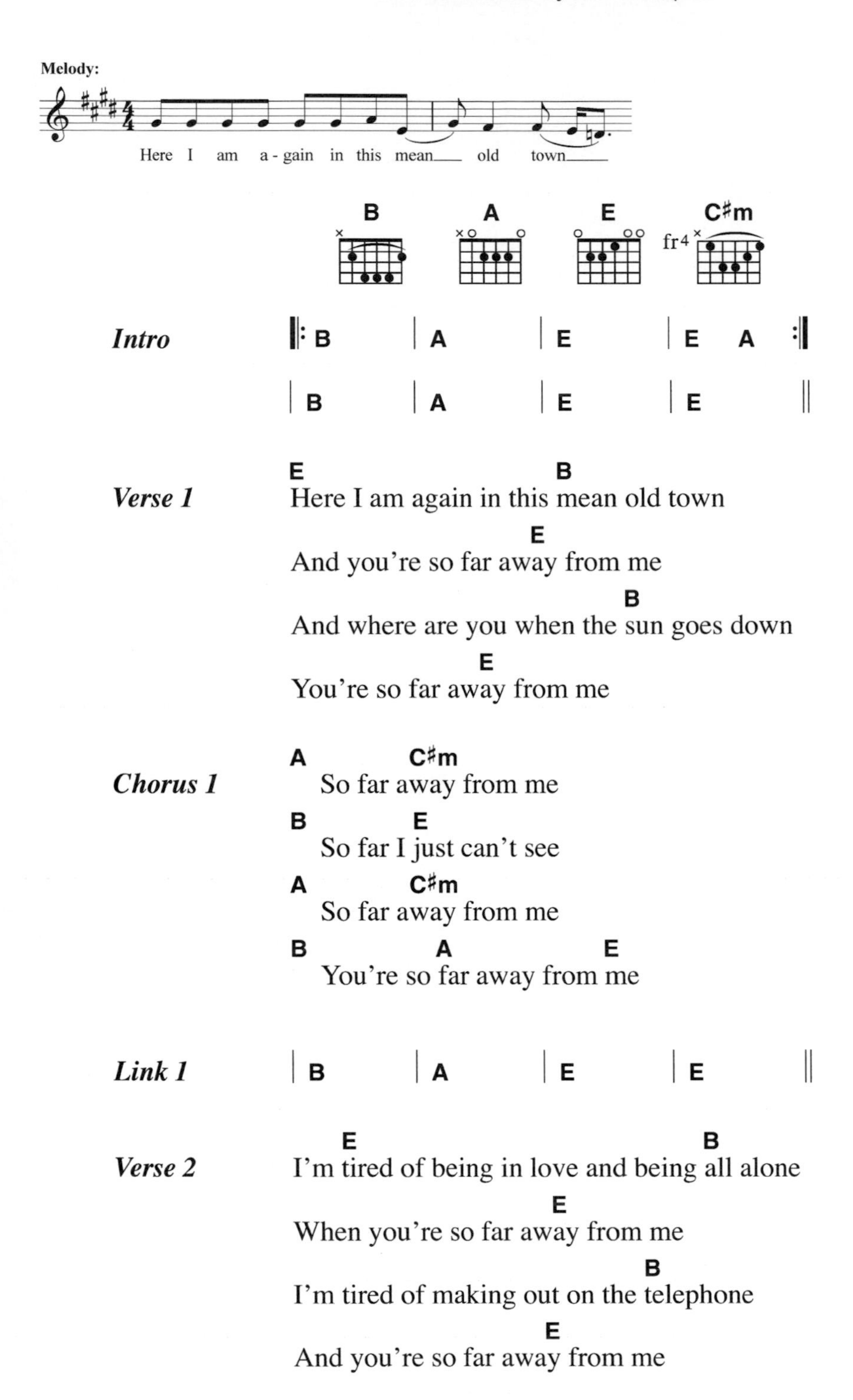

Intro

|: B | A | E | E A :|

| B | A | E | E ||

Verse 1

E B
Here I am again in this mean old town
E
And you're so far away from me
B
And where are you when the sun goes down
E
You're so far away from me

Chorus 1

A C♯m
So far away from me
B E
So far I just can't see
A C♯m
So far away from me
B A E
You're so far away from me

Link 1

| B | A | E | E ||

Verse 2

E B
I'm tired of being in love and being all alone
E
When you're so far away from me
B
I'm tired of making out on the telephone
E
And you're so far away from me

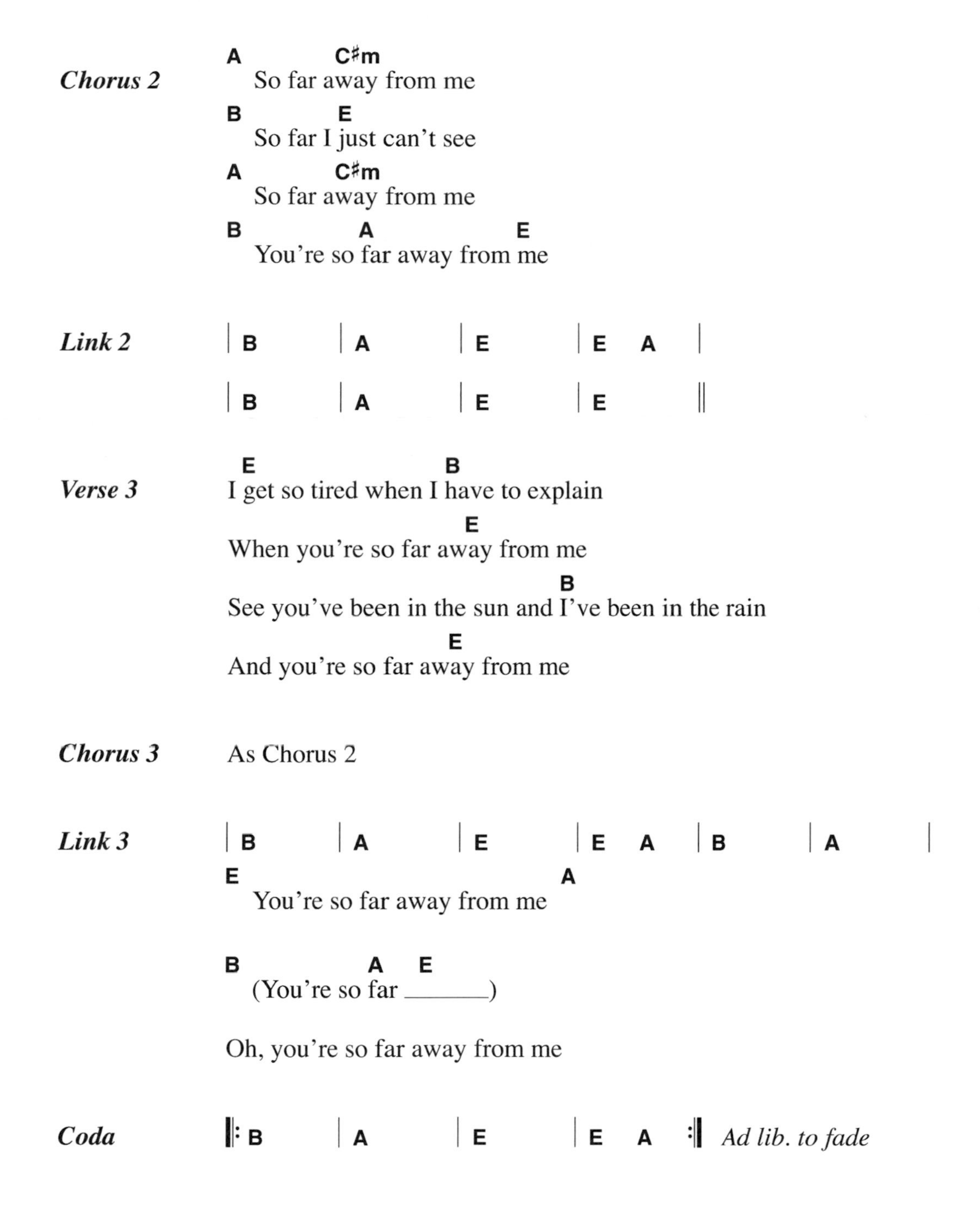

Chorus 2

A C♯m
So far away from me
B E
So far I just can't see
A C♯m
So far away from me
B A E
You're so far away from me

Link 2

| B | A | E | E A |
| B | A | E | E ||

Verse 3

E B
I get so tired when I have to explain
E
When you're so far away from me
B
See you've been in the sun and I've been in the rain
E
And you're so far away from me

Chorus 3 As Chorus 2

Link 3

| B | A | E | E A | B | A |
E A
You're so far away from me

B A E
(You're so far ______)

Oh, you're so far away from me

Coda

‖: B | A | E | E A :‖ *Ad lib. to fade*

Southbound Again

Words & Music by Mark Knopfler

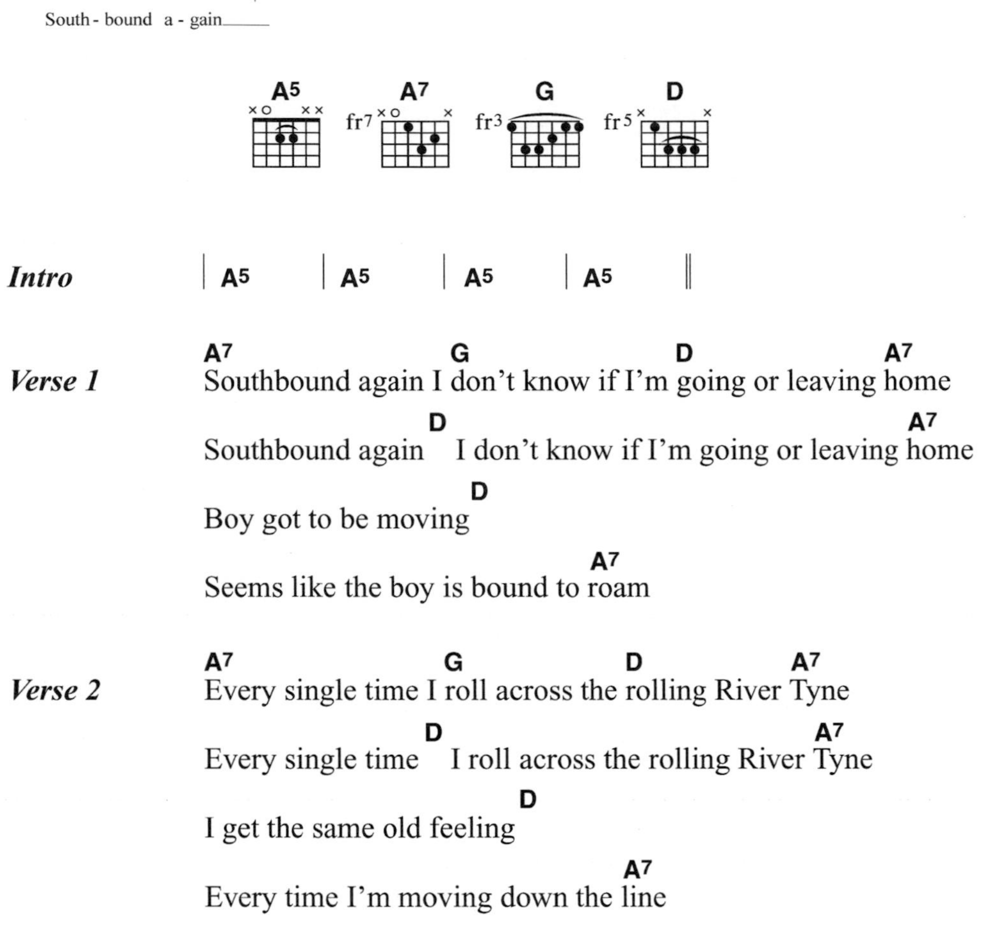

Intro | A5 | A5 | A5 | A5 ||

Verse 1

```
A7                         G                          D                     A7
Southbound again I don't know if I'm going or leaving home
                      D                                                  A7
Southbound again   I don't know if I'm going or leaving home
                                 D
Boy got to be moving
                                        A7
Seems like the boy is bound to roam
```

Verse 2

```
A7                         G                         D                  A7
Every single time I roll across the rolling River Tyne
                      D                                        A7
Every single time   I roll across the rolling River Tyne
                                       D
I get the same old feeling
                                               A7
Every time I'm moving down the line
```

Solo	A7	A7	G D	A7	A7	
	A7	D	D	A7	A7	
	A7	D	D	A7	A7	‖

Link	A5	A5	A5	A5	‖

Verse 3

A7 G D A7
Southbound again last night I felt like crying

D A7
Southbound again last night I felt like cry - ing

D
Right now I'm sick of living

A7
But I'm going to keep on trying

Outro	‖: A7	A7	A7	A7 :‖	*Play 4 times to fade*

Solid Rock

Words & Music by Mark Knopfler

Melody:

Well (now) take a look at that I made a cas - tle in the sand

A5 D G C A Bm Em

Intro | A5 | A5 | A5 | A5 :|

Verse 1

```
          D
Well take a look at that
            G            C
I made a castle in the sand
          D
Saying this is where it's at you know
G              C
Couldn't under - stand now
D                     G            C
If I realised that the chances were slim
          D                              G         C      G
How come I'm so surprised when the tide rolled in
```

Chorus 1

```
A           Bm  G
  I wanna live    on solid rock
A              Bm  G
  I'm gonna live    on solid rock
A           Bm              G
  I wanna give, I don't wan - na be blocked
A5
  I'm gonna live on solid rock
```

Verse 2

```
                D
Well I'm sick of potential
     G              C
I'm sick of vani - ty now
     D                     G       C
I'm sticking to essential   reali - ty now
D
I don't know what's worse
G               C
Try to make a silk purse
D                      G                    C    G
Living an illusion     living in con - fu - sion
```

Bridge

```
A             Em
   Well a house of cards
     A          Em
Was never built for shock
               A              Em              A
You could blow it down in any kind of weather
                                     Em    A          Em
Now you take two so - lid rocks    two so - lid blocks
G
   You know they're gonna stick
                                A
Yeah they're gonna stick to - gether
```

Solo

```
| A  Bm | G      | A  Bm | G      |
| A  Bm | G      | A     | A      ||
```

Verse 3

```
(A)          D
Because the heart that you break
                G              C
That's the one that you re - ly on
     D
The bed that you make
                G          C
That's the one you gotta lie on
D                                      G        C
When you point your finger cos your plan fell through
          D                  G                 C    G
You got three more fingers pointing back at you
```

Chorus 3

```
A               Bm  G
   I wanna live     on solid rock
A                  Bm  G
   I'm gonna live      on solid rock
A              Bm                 G
   I wanna live I don't wan - na be blocked
A5
   I'm gonna live on solid
```

Outro

```
    A       Bm    G
||: Rock, rock,     solid rock
A       Bm    G
Rock, rock,     solid rock
A           Bm                 G
I wanna live I don't wan - na be blocked
A5
I'm gonna live on solid :||  Play 3 times ad lib.

||: A   Bm | G      | A   Bm | G      |

| A   Bm | G      | A      | A      :||  Repeat to fade
```

Sultans Of Swing

Words & Music by Mark Knopfler

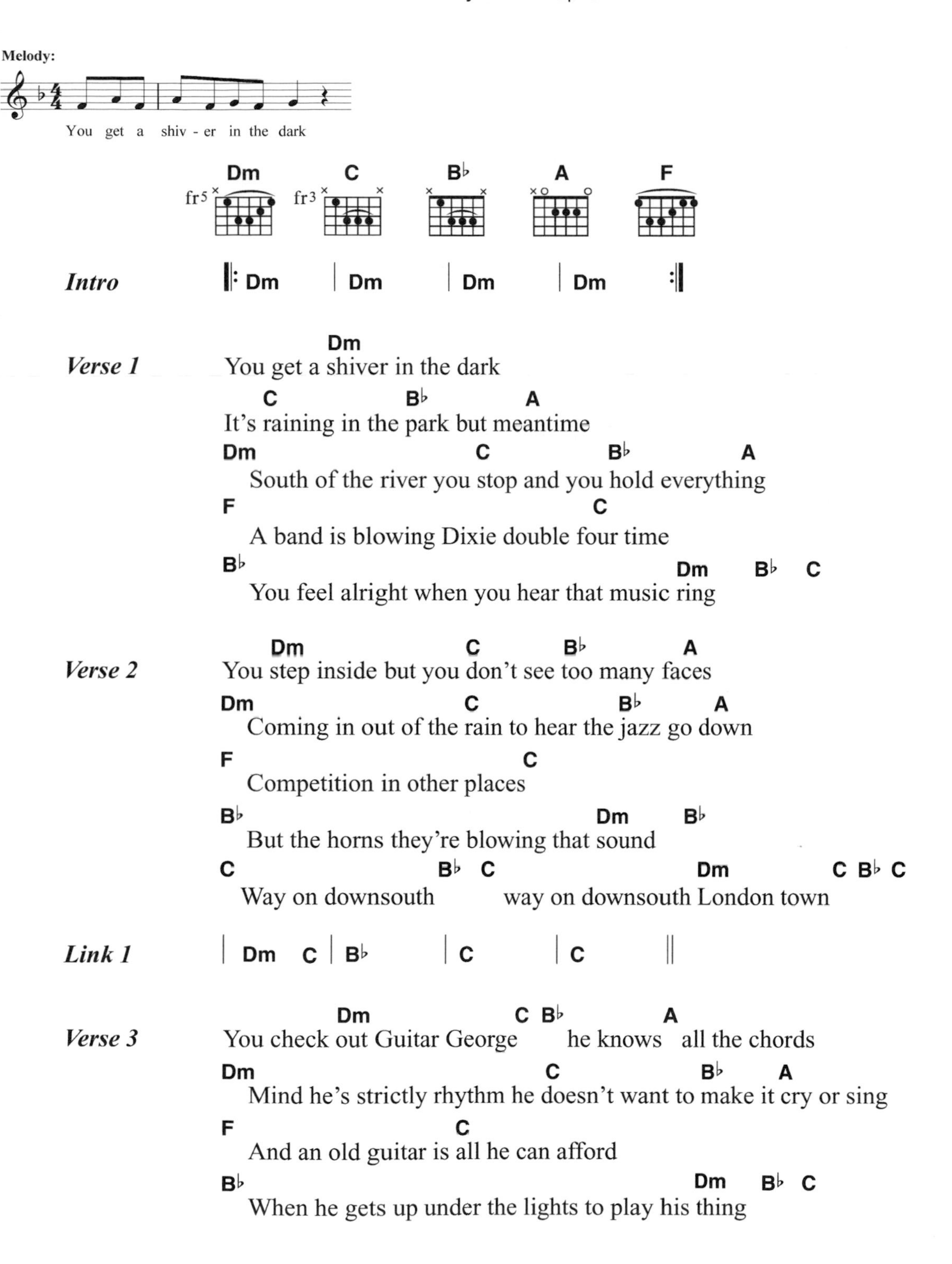

Intro ‖: Dm | Dm | Dm | Dm :‖

Verse 1

```
                Dm
You get a shiver in the dark
    C              B♭          A
It's raining in the park but meantime
Dm                      C            B♭             A
   South of the river you stop and you hold everything
F                                  C
   A band is blowing Dixie double four time
B♭                                                Dm      B♭    C
   You feel alright when you hear that music ring
```

Verse 2

```
     Dm                  C          B♭          A
You step inside but you don't see too many faces
Dm                      C               B♭        A
   Coming in out of the rain to hear the jazz go down
F                                  C
   Competition in other places
B♭                                    Dm      B♭
   But the horns they're blowing that sound
C                          B♭   C                   Dm             C B♭ C
   Way on downsouth             way on downsouth London town
```

Link 1 | Dm C | B♭ | C | C ‖

Verse 3

```
                 Dm                C B♭          A
You check out Guitar George        he knows   all the chords
Dm                                 C              B♭      A
   Mind he's strictly rhythm he doesn't want to make it cry or sing
F                   C
   And an old guitar is all he can afford
B♭                                                Dm      B♭    C
   When he gets up under the lights to play his thing
```

Verse 4

Dm C B♭ A
And Harry doesn't mind if he doesn't make the scene
Dm C B♭ A
He's got a day-time job, he's doing al - right
F C
He can play the honky-tonk just like anything
B♭ Dm B♭ C
Saving it up for Friday night
B♭ C Dm C B♭ C
With the Sultans with the Sultans of Swing

Link 2

| Dm C | B♭ | C | C ||

Verse 5

Dm C B♭ A
And a crowd of young boys they're fooling a - round in the corner
Dm C B♭ A
Drunk and dressed in their best brown baggies and their platform sole
F C
They don't give a damn about any trumpet playing band
B♭ Dm B♭
It ain't what they call rock and roll
C B♭ C Dm C B♭ C
And the Sultans the Sultans played Creole

Link 3

| Dm C | B♭ | C | C ||

Guitar solo 1

	: Dm	C B♭	A	A :	
F	F	C	C
B♭	B♭	Dm	Dm B♭
C	C B♭	C	C
	: Dm C	B♭	C	C :	

```
              Dm                          C           B♭        A
*Verse 6*        And then the man he steps right up to the microphone
              Dm              C                 B♭        A
                 And says at last just as the time bell rings
              F                                         C
                 'Thank you goodnight, now it's time to go home'
              B♭                                          Dm      B♭
                 And he makes fast with one more thing
              C                            B♭ C                              Dm  C  B♭  C
                 'We are the Sultans          we are the Sultans of Swing'
```

Link 4 | Dm C | B♭ | C | C ||

Guitar solo 2 |: Dm C | B♭ | C | C :| *Play 8 times to fade*

Telegraph Road

Words & Music by Mark Knopfler

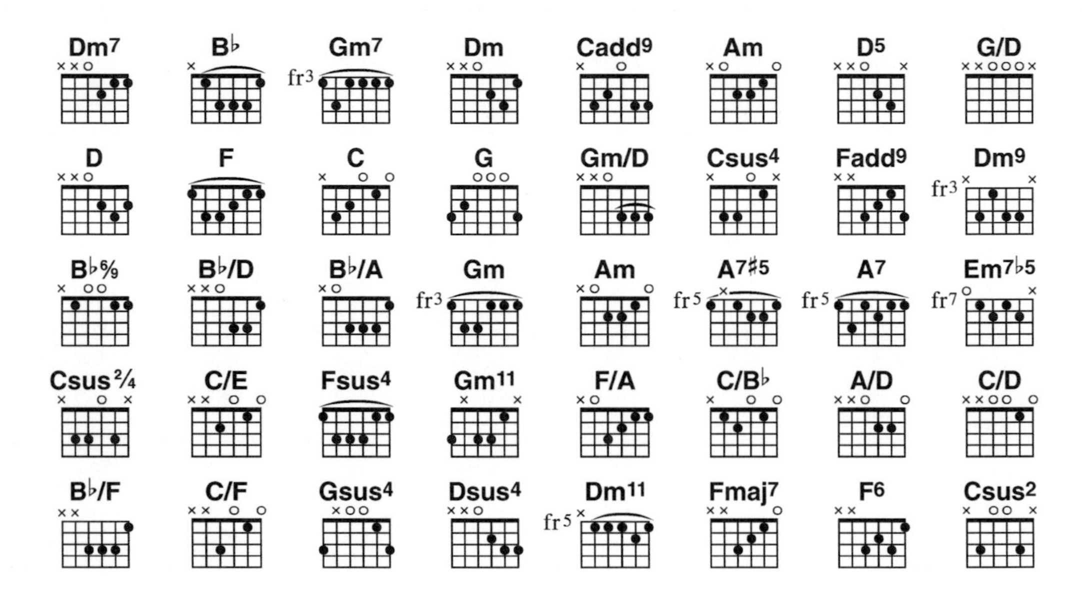

Intro

Dm7	B♭	Gm7	Gm7
Dm	Cadd9	Am	Dm
Dm	Dm	Dm	Dm
Dm	Dm	Dm	

||: D5 | Dm7 | G/D | D :|| *Play 3 times*

| D5 | F C | G | D |
| D5 | Gm/D | Csus4 | C ||

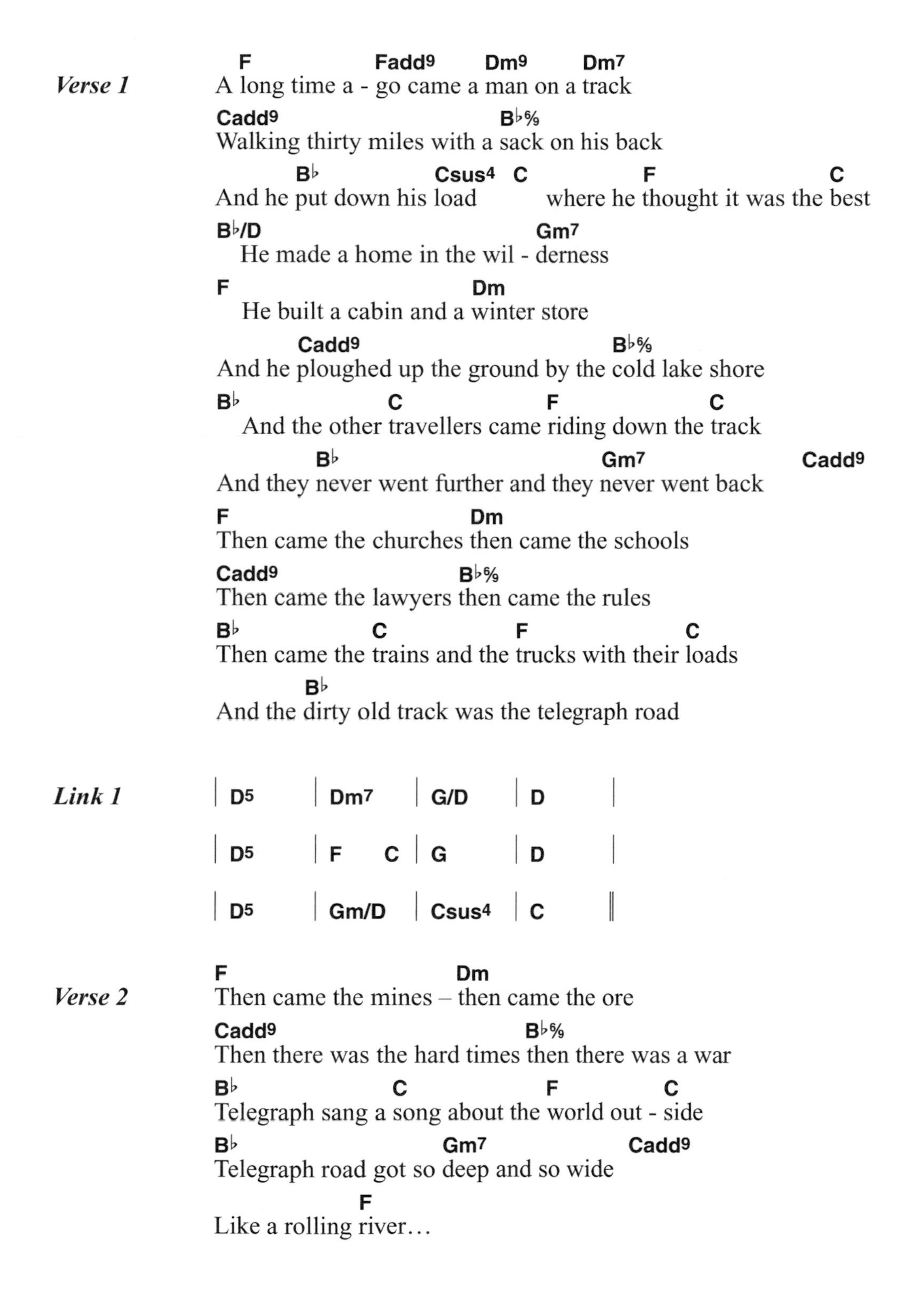

Verse 1

F Fadd9 Dm9 Dm7
A long time a - go came a man on a track
Cadd9 B♭6/9
Walking thirty miles with a sack on his back
B♭ Csus4 C F C
And he put down his load where he thought it was the best
B♭/D Gm7
He made a home in the wil - derness
F Dm
He built a cabin and a winter store
Cadd9 B♭6/9
And he ploughed up the ground by the cold lake shore
B♭ C F C
And the other travellers came riding down the track
B♭ Gm7 Cadd9
And they never went further and they never went back
F Dm
Then came the churches then came the schools
Cadd9 B♭6/9
Then came the lawyers then came the rules
B♭ C F C
Then came the trains and the trucks with their loads
B♭
And the dirty old track was the telegraph road

Link 1

D5	Dm7	G/D	D
D5	F C	G	D
D5	Gm/D	Csus4	C	

Verse 2

F Dm
Then came the mines – then came the ore
Cadd9 B♭6/9
Then there was the hard times then there was a war
B♭ C F C
Telegraph sang a song about the world out - side
B♭ Gm7 Cadd9
Telegraph road got so deep and so wide
F
Like a rolling river…

Solos

F (river)	Dm	C	B♭ F
B♭ C	F C	B♭	Gm
Gm B♭ B♭/A	F	Dm	C
B♭ F	B♭ C	F C	B♭
Gm	Gm B♭ B♭/A	F	Dm
C	B♭ F	B♭ C	F C
B♭	B♭	

Link 2

| Dm | Dm7 | G | D |
| Dm | F C | G | D ||

Bridge

(D) Gm
And my radio says tonight it's gonna freeze
Dm
People driving home from the factories
C
There's six lanes of traffic
Am Dm Cadd9 C
Three lanes moving slow…

Interlude

Dm	A7♯5 A7	B♭ Em7♭5	Csus2/4 F C/E
Gm C B♭	Fsus4 F	Gm11 F/A	B♭6/9	
|: Dm	A7♯5 A7	B♭ Em7♭5	Cadd9 F
Gm C/B♭	Fsus4 F	Gm11 F/A	B♭6/9 A7 :|
Dm	A/D	B♭/D C/E	C/E Fsus4
B♭/F C/F	Fsus4 F	Gsus4 Gm F/A	B♭ A7
Dsus4	Dsus4	Cadd9	Cadd9	

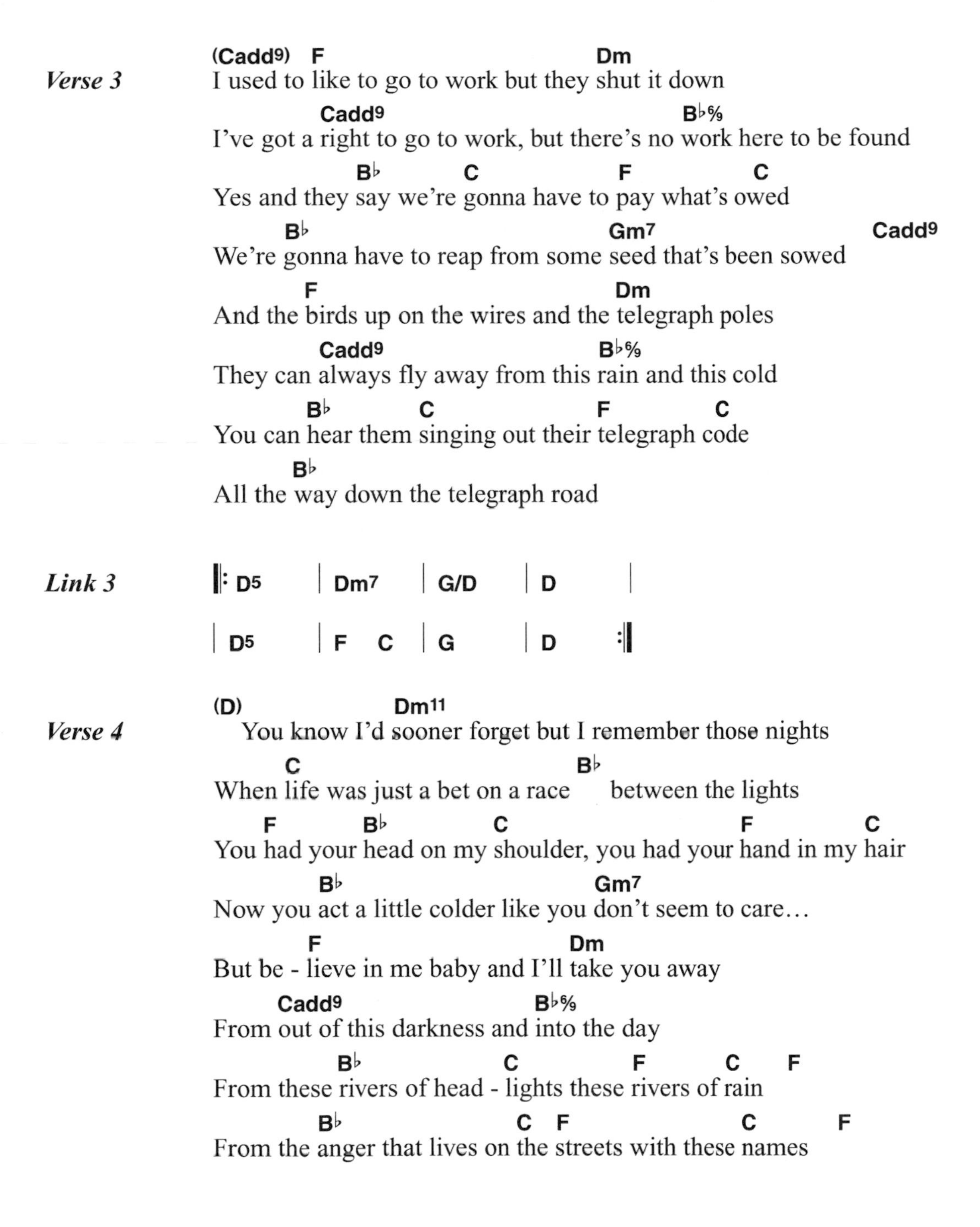

Verse 3
(Cadd9) F Dm
I used to like to go to work but they shut it down
Cadd9 B♭%
I've got a right to go to work, but there's no work here to be found
B♭ C F C
Yes and they say we're gonna have to pay what's owed
B♭ Gm7 Cadd9
We're gonna have to reap from some seed that's been sowed
F Dm
And the birds up on the wires and the telegraph poles
Cadd9 B♭%
They can always fly away from this rain and this cold
B♭ C F C
You can hear them singing out their telegraph code
B♭
All the way down the telegraph road

Link 3
‖: D5 | Dm7 | G/D | D |
| D5 | F C | G | D :‖

Verse 4
(D) Dm11
You know I'd sooner forget but I remember those nights
C B♭
When life was just a bet on a race between the lights
F B♭ C F C
You had your head on my shoulder, you had your hand in my hair
B♭ Gm7
Now you act a little colder like you don't seem to care…
F Dm
But be - lieve in me baby and I'll take you away
Cadd9 B♭%
From out of this darkness and into the day
B♭ C F C F
From these rivers of head - lights these rivers of rain
B♭ C F C F
From the anger that lives on the streets with these names

cont.

```
            B♭                   C   F      C    F
'Cos I've run every red light   on memory lane
       B♭                 C     F         C      F  B♭
I've seen desperation    ex - plode into flames
               C     F      C
And I don't wanna see it a - gain...
        Am                             Dm
From all of these signs saying sorry but we're closed
          B♭   | F  Fmaj7  | F6  F  | B♭  Csus2 | B♭
All the way                                      down the telegraph road
```

Guitar solo

```
|: D5    | Dm7   | G/D   | D    |
|  D5    | F  C  | G     | D   :|   Play 6 times
|: Dm    | F     | G     | D    |
|  Dm    | F  C  | G     | D   :|   Play 13 times to fade
```

Ticket To Heaven

Words & Music by Mark Knopfler

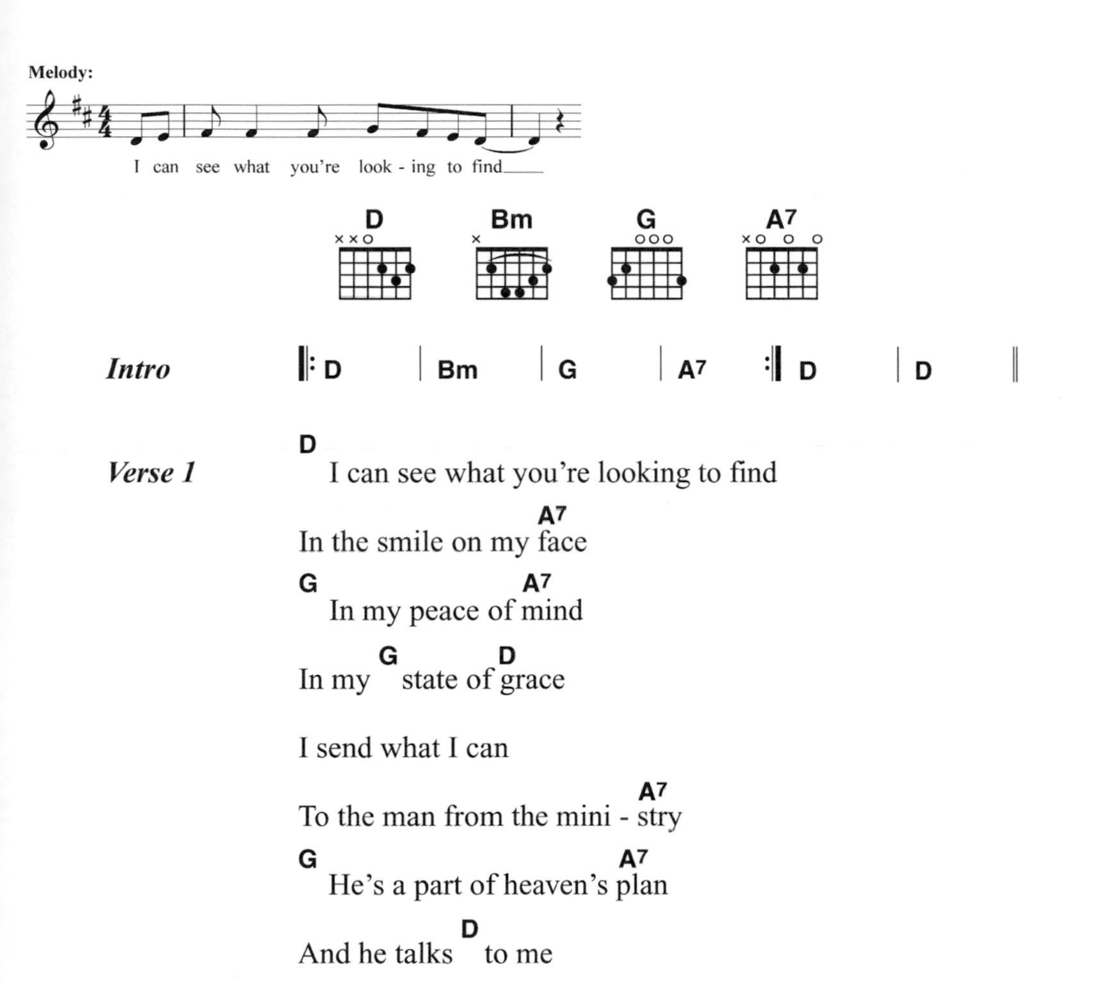

Intro | D | Bm | G | A7 :| D | D ||

Verse 1

D
I can see what you're looking to find
In the smile on my face (A7)
G
In my peace of mind (A7)
In my (G) state of grace (D)
I send what I can
To the man from the mini - stry (A7)
G
He's a part of heaven's plan (A7)
And he talks (D) to me

Verse 2

```
D
Now I send what I can to the man
                     A7
With the diamond ring
G                         A7
   He's a part of heaven's plan
G                   D
   And he sure can sing

Now it's all I can afford
                                  A7
But the Lord has sent me eterni - ty
G                    A7
   It's to save the little children
                  D
In a poor coun - try
```

Chorus 1

```
D
I got my ticket to heaven
                   A7
And everlasting life
G                        A7  G          D
   I got a ride all the way   to para - dise

I got my ticket to heaven
                   A7
And everlasting life
G          A7          D
   All the way to para - dise
```

Solo

```
| D    | D    | A7   | A7   |
| G    | A7   | G    | D    | D    |
| D    | D    | A7   | A7   |
| G    | A7   | D    | D    ||
```

```
             D
Verse 3      Now there's nothing left for luxuries
                                             A7
             Nothing left to pay my heating bill
             G                             A7
                But the good Lord will provide
             G           D
                I know he will

             So send what you can
                                                A7
             To the man with the diamond ring
             G                              A7
                They're tuning in across the land
                        D
             To hear him sing
```

```
             D
Chorus 2     I got my ticket to heaven
                                A7
             And everlasting life
             G                      A7   G          D
                I got a ride all the way   to para - dise

             I got my ticket to heaven
                                A7
             And everlasting life
             G          A7          D       Bm
                All the way to para - dise
             G          A7          D       Bm
                All the way to para - dise
```

```
Outro        | G      | A7     | D      | Bm     |

             | G      | A7     | D      | D      | D      ||
```

Tunnel Of Love

Words & Music by Mark Knopfler

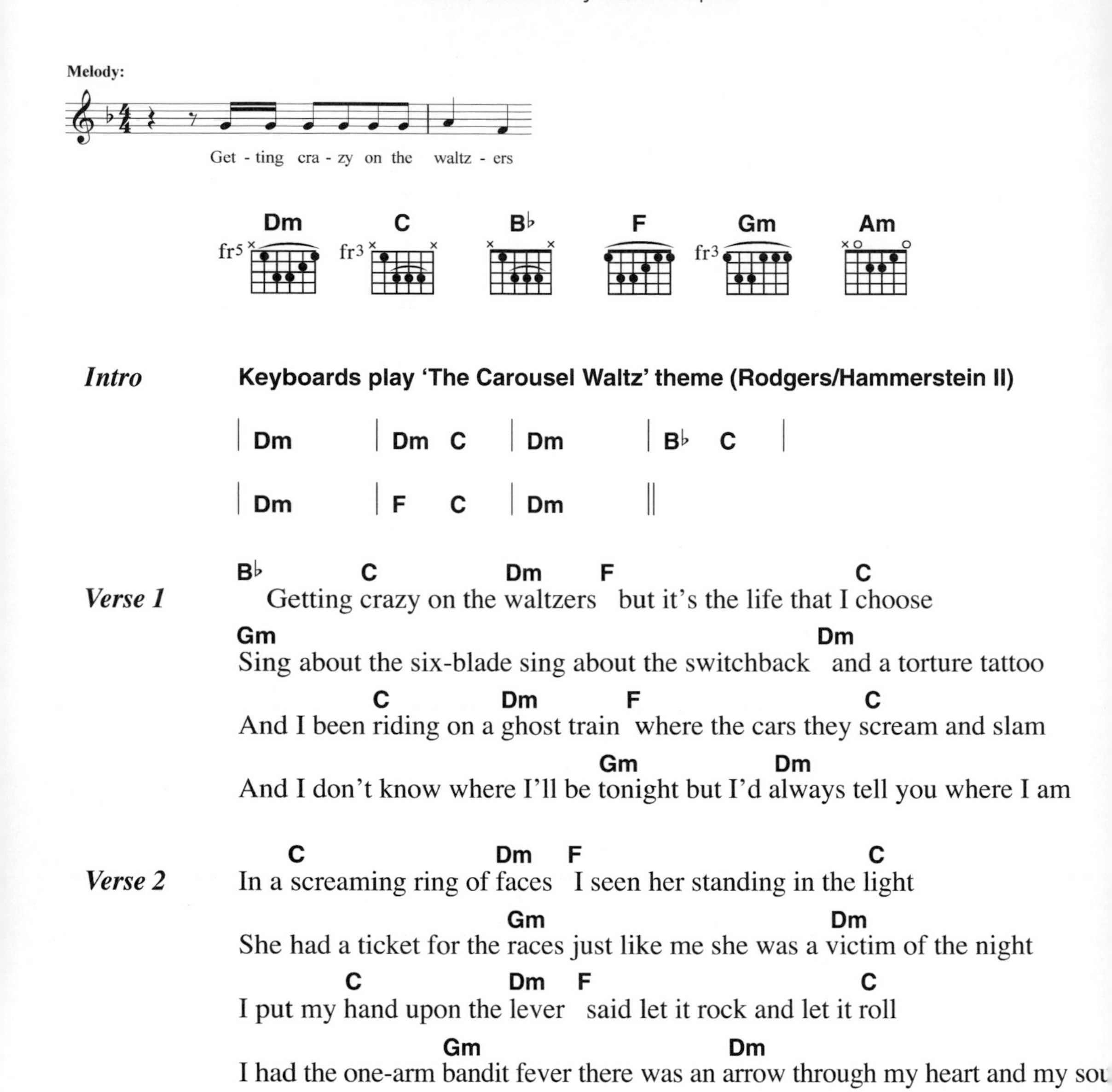

Intro **Keyboards play 'The Carousel Waltz' theme (Rodgers/Hammerstein II)**

| **Dm** | **Dm C** | **Dm** | **B♭ C** |

| **Dm** | **F C** | **Dm** ||

Verse 1

```
B♭          C             Dm        F                   C
    Getting crazy on the waltzers   but it's the life that I choose
Gm                                                Dm
Sing about the six-blade sing about the switchback   and a torture tattoo
                C             Dm         F                    C
And I been riding on a ghost train  where the cars they scream and slam
                                      Gm            Dm
And I don't know where I'll be tonight but I'd always tell you where I am
```

Verse 2

```
      C                   Dm    F                            C
In a screaming ring of faces   I seen her standing in the light
                                 Gm                        Dm
She had a ticket for the races just like me she was a victim of the night
              C                Dm   F                          C
I put my hand upon the lever   said let it rock and let it roll
                      Gm                           Dm
I had the one-arm bandit fever there was an arrow through my heart and my sou
```

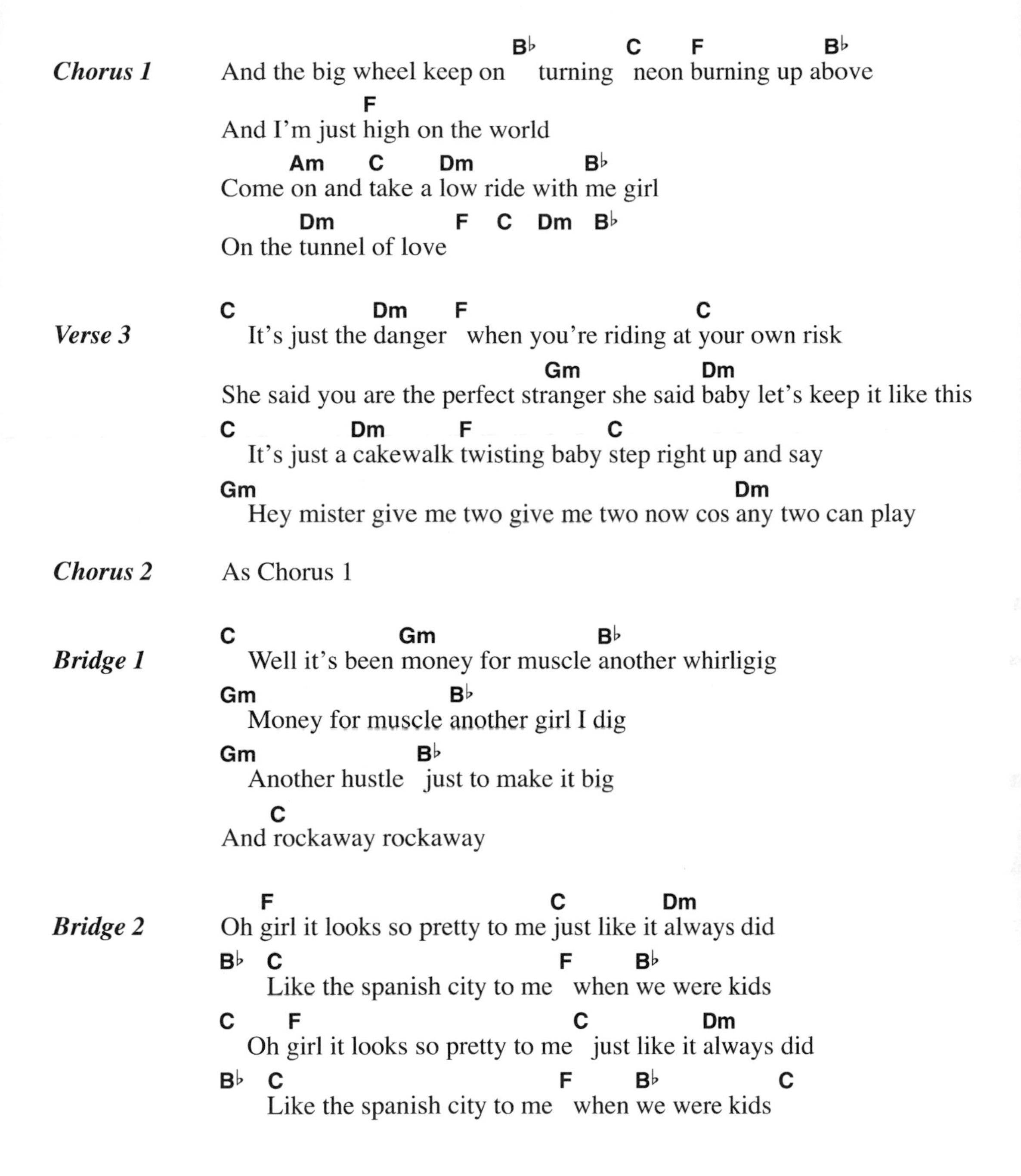

```
                                    B♭          C     F               B♭
Chorus 1     And the big wheel keep on   turning   neon burning up above
                             F
             And I'm just high on the world
                  Am     C      Dm           B♭
             Come on and take a low ride with me girl
                   Dm               F   C   Dm  B♭
             On the tunnel of love

             C             Dm     F                      C
Verse 3        It's just the danger   when you're riding at your own risk
                                                Gm          Dm
             She said you are the perfect stranger she said baby let's keep it like this
             C           Dm        F          C
               It's just a cakewalk twisting baby step right up and say
             Gm                                                Dm
               Hey mister give me two give me two now cos any two can play

Chorus 2     As Chorus 1

             C             Gm               B♭
Bridge 1       Well it's been money for muscle another whirligig
             Gm               B♭
               Money for muscle another girl I dig
             Gm          B♭
               Another hustle   just to make it big
                 C
             And rockaway rockaway

                F                            C        Dm
Bridge 2     Oh girl it looks so pretty to me just like it always did
             B♭  C                           F     B♭
                 Like the spanish city to me   when we were kids
             C    F                            C        Dm
               Oh girl it looks so pretty to me   just like it always did
             B♭  C                           F     B♭            C
                 Like the spanish city to me   when we were kids
```

```
Solo        |: F      | F   C  | Dm     | Dm  B♭  | C      | C   F  |
            | B♭      | B♭  C :| Dm     | F   C   | Dm     ||

            B♭             C              Dm      F                              C
Verse 4        She took off a silver locket   she said remember me by this
                                           Gm               Dm
            She put her hand in my pocket I got a keepsake and a kiss
                              C                 Dm     F                                     C
            And in the roar of dust and diesel   I stood and watched her walk away
            Gm
               I could have caught up with her easy enough
                 Dm
            but something must have made me stay

                                             B♭      C       F                 B♭
Chorus 3    And the big wheel keep on turning   neon burning up a - bove
                             F
            And I'm just high on the world
                     Am     C      Dm                 B♭
            Come on and take a low ride with me girl
                      Dm                F   C   Dm  B♭
            On the tunnel of love   (yeah love)
            C          Dm              F     C   Dm        B♭
               On the tunnel of love (oh   love  love)
```

```
              C                  Gm
Bridge 3        And now I'm searching through
                                           B♭
              These carousels and the carnival arcades
              Gm                                      B♭
              Searching everywhere from steeple - chase to palisades
                 Gm                              B♭
              In any shooting gallery where promises are made
                 C
              To rockaway rockaway rockaway

              From cullercoats and whitley bay out to rockaway

                   F                           C  Dm
Bridge 4      And girl it looks so pretty to me       just like it always did
              B♭  C                            F  B♭                        C
                  Like the spanish city to me        when we were kids
              F                             C  Dm                B♭
              Girl it looks so pretty to me      like it always did
              C                         F      B♭         C
              Like the spanish city to me when we were kids

Solo/coda     ||: F      | F   C  | Dm     | Dm  B♭ | C      | C   F  |
              | B♭       | B♭  C  :||  Repeat to fade
```

Twisting By The Pool

Words & Music by Mark Knopfler

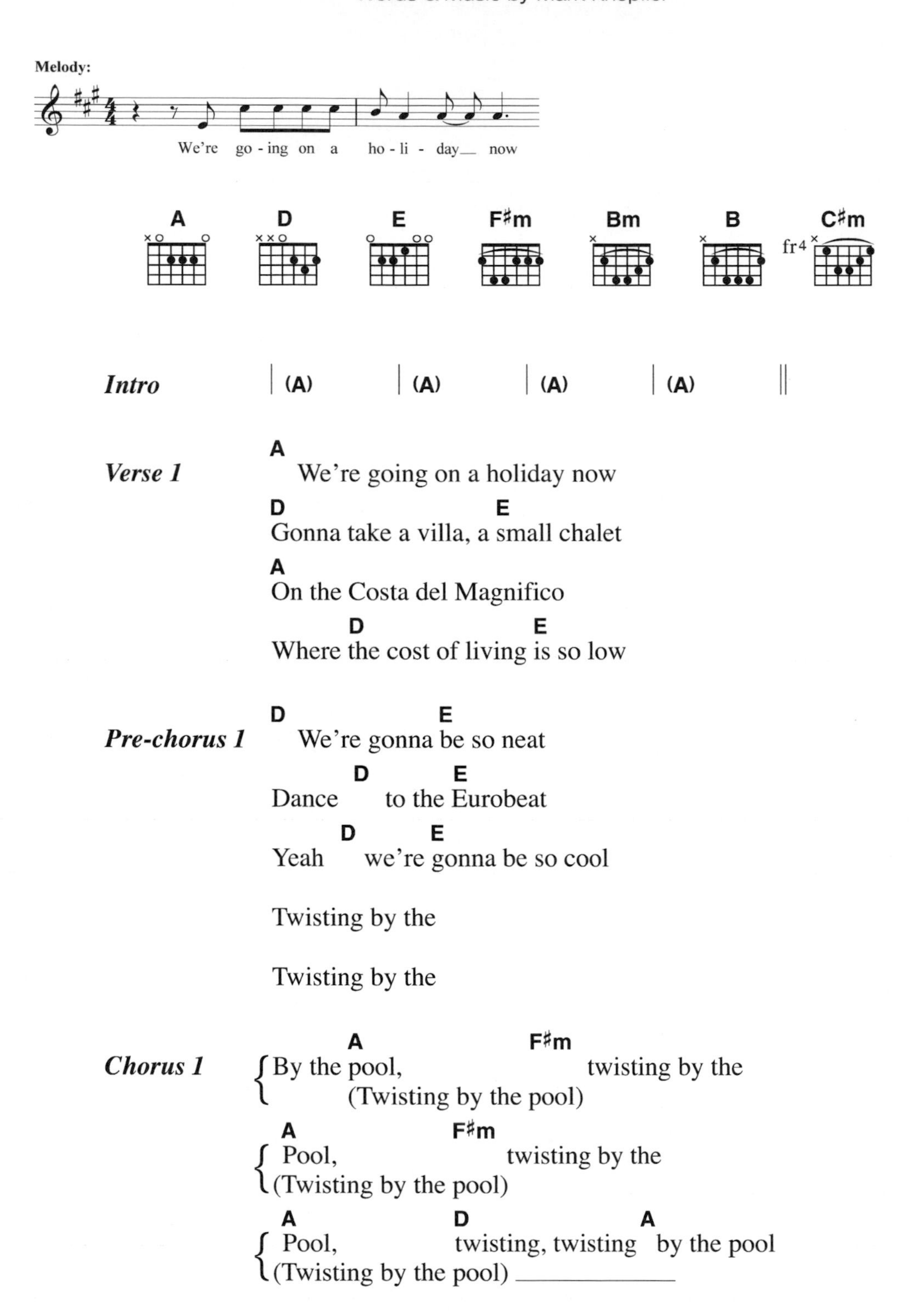

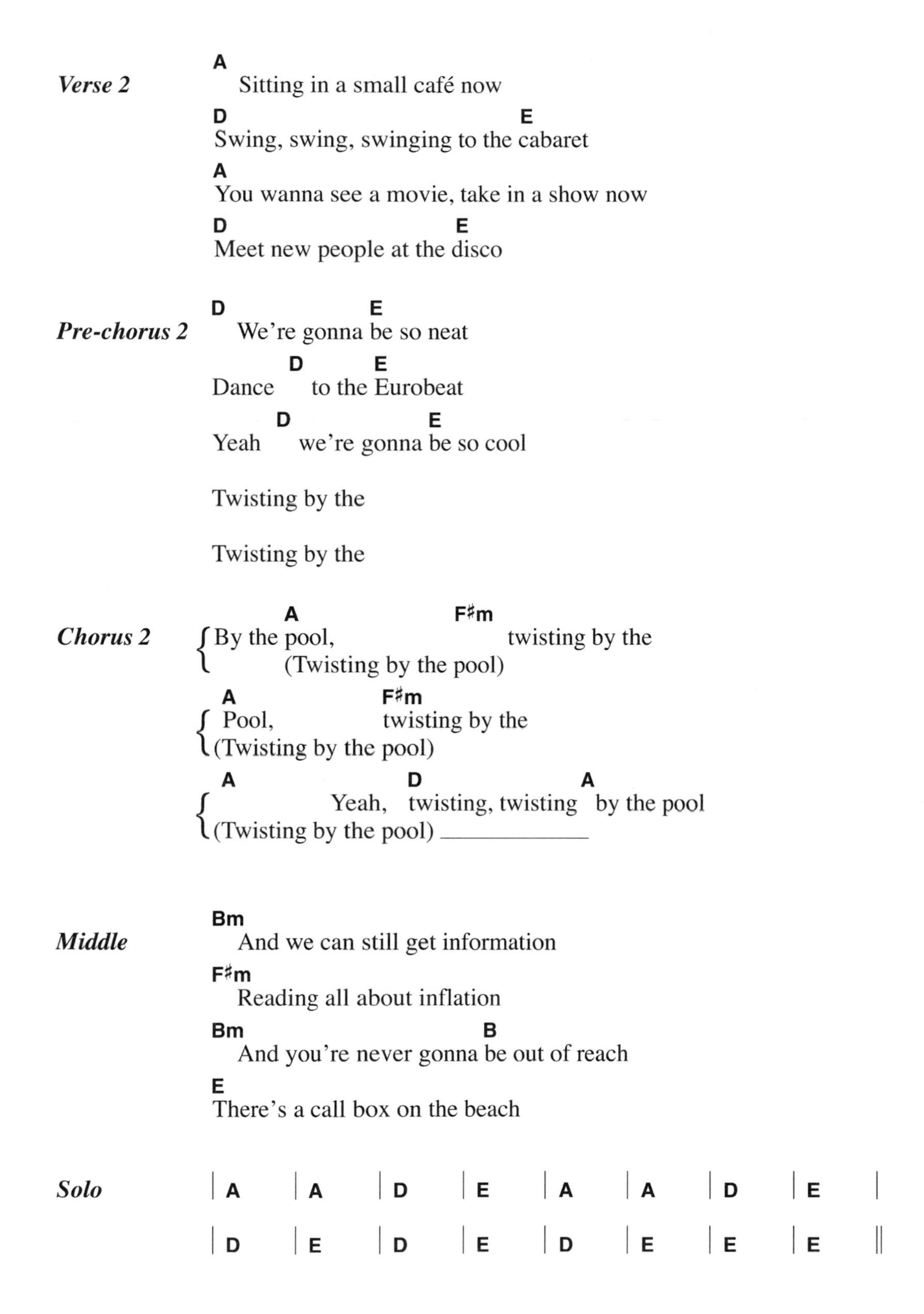

Verse 2

A
Sitting in a small café now
D **E**
Swing, swing, swinging to the cabaret
A
You wanna see a movie, take in a show now
D **E**
Meet new people at the disco

Pre-chorus 2

D **E**
We're gonna be so neat
D **E**
Dance to the Eurobeat
D **E**
Yeah we're gonna be so cool

Twisting by the

Twisting by the

Chorus 2

A **F♯m**
By the pool, twisting by the
(Twisting by the pool)

A **F♯m**
Pool, twisting by the
(Twisting by the pool)

A **D** **A**
Yeah, twisting, twisting by the pool
(Twisting by the pool) ____________

Middle

Bm
And we can still get information
F♯m
Reading all about inflation
Bm **B**
And you're never gonna be out of reach
E
There's a call box on the beach

Solo

| A | A | D | E | A | A | D | E |

| D | E | D | E | D | E | E | E ||

Chorus 3

```
             A                       F♯m
{We're just-a,                              I'm a twisting
{              (Twisting by the pool)

  A                         F♯m
{ Fool,         you got me twisting by the
{(Twisting by the             pool)

  A                  D                   A
{ Pool    yeah,      twisting, twisting   by the pool
{(Twisting by the pool _____________
```

Verse 3

```
A                        C♯m
   Mmm, you're gonna look so cute
D                E
   Sunglasses and bathing suit
A               C♯m
   Be the baby of my dreams
D                           E
   Like the ladies in the magazines
```

Pre-chorus 3

```
D              E
   We're gonna be so neat
        D      E
Dance     to the Eurobeat
      D              E
Yeah    we're gonna be so cool

Twisting by the

Twisting by the
```

Chorus 4 As Chorus 3

Chorus 5 As Chorus 3 (*ad lib.*)

Link | N.C. | N.C. | (A) | (E) ||

Chorus 6 ||: As Chorus 3 :||

Link | N.C. | N.C. | (E) | (E) ||

Chorus 7 As Chorus 3

Two Young Lovers

Words & Music by Mark Knopfler

Melody:

It was the last day of sum - mer

G C D

Intro | G | G | C | C |
| D | D | G | D ||

Verse 1

```
(D)       G
It was the last day of summer
          C
It was the first of a new romance
   D
He walked into her on the corner
C               G     D
She said 'I don't dance'
G
  He said 'Baby let me teach you'
C
She said 'Ok when?'
D
He said 'How can I reach you baby?
   C                    G
I'd really like to see you a - gain'
```

Link 1 | G | G | C | C |
| D | D | G | D ||

Verse 2

```
G
Picked her up on a Friday night
C
Took her for a bite to eat
     D
His heart was a-beating and his hands were shaking
C                        G           D
She thought he was sweet
         G
And he stood on her shoes on the dance floor
                    C
When they were doing it cheek-to-cheek
         D
And he walked her home and he kissed her
         C                    G
He was walking on air all week
```

Link 2 As Link 1

Verse 3

```
       G
Well, they couldn't stand to be apart
                 C
They couldn't leave one another alone
     D
Her mama used to say 'It's getting late sweetheart
    C                        G          D
It's time that boy went home'
      G
And upstairs papa kissed mama
          C
And she gave him a sweet caress
          D
He said 'Here's to the two young lovers
      C                           G
Let's wish 'em every happi - ness'
```

Link 3 As Link 1

Verse 4

```
(D)           G
It was the last day of summer
                  C
They came a - walking home a-hand in hand
D
   They went and told her mama
      C                          G         D
They showed her the wedding band
G
Mama cried and poured the wine
C
Papa just said 'God bless'
      D
Now here's to the two young lovers
      C                          G
Let's wish 'em every happi - ness
```

Link 4

```
|: G  | G  | C  | C  |
 | D  | D  | G  | D  :|
```

Sax. solo

```
|: G  | G  | C  | C  |
 | D  | D  | G  | D  :|   Play 4 times
```

Outro

```
| G  | G  | C  | C  |
| D  | D  | G  | G  ||
```

Walk Of Life

Words & Music by Mark Knopfler

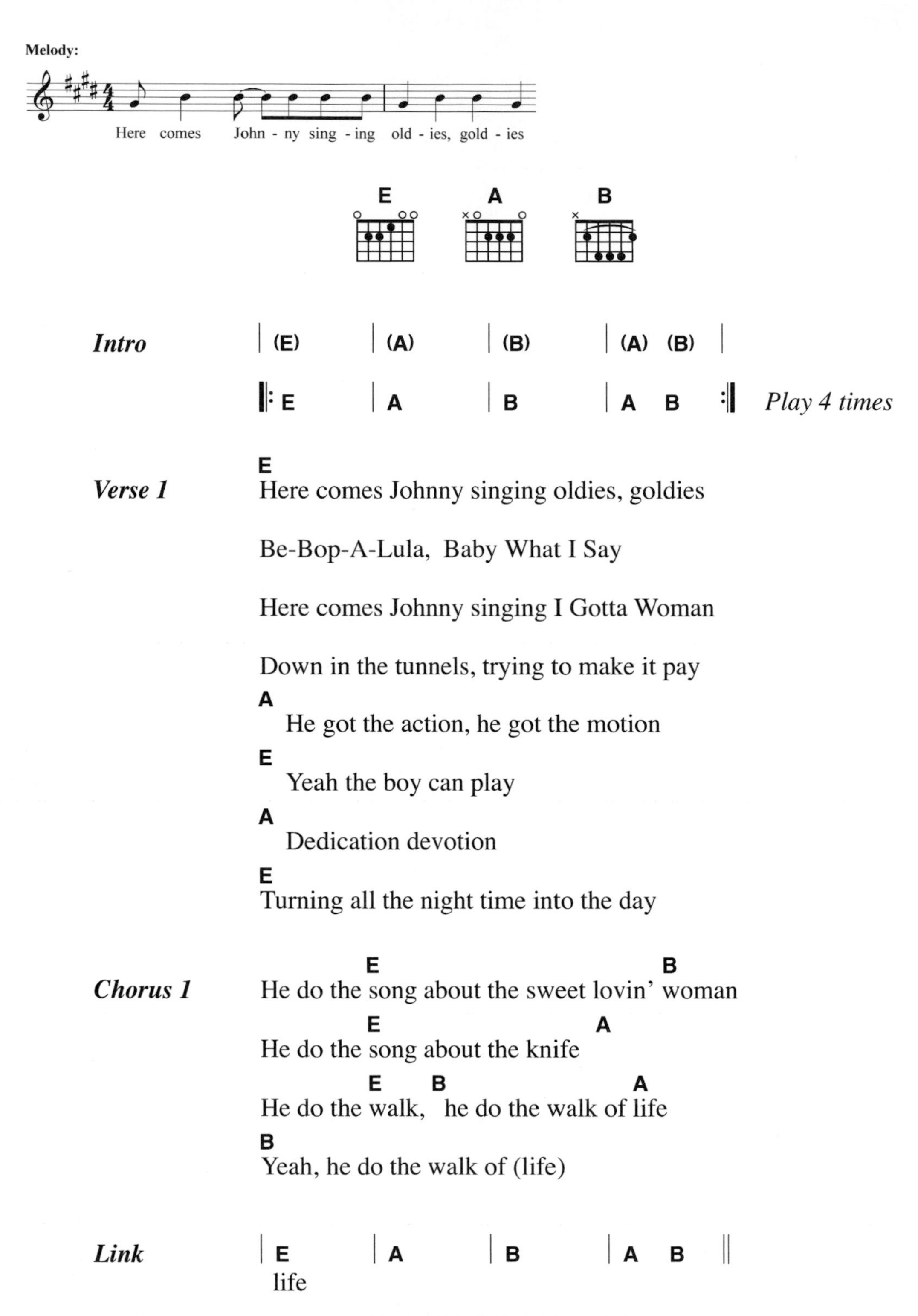

Melody:

Here comes John - ny sing - ing old - ies, gold - ies

E A B

Intro | (E) | (A) | (B) | (A) (B) |

|: E | A | B | A B :| *Play 4 times*

Verse 1

```
E
Here comes Johnny singing oldies, goldies

Be-Bop-A-Lula, Baby What I Say

Here comes Johnny singing I Gotta Woman

Down in the tunnels, trying to make it pay
A
   He got the action, he got the motion
E
   Yeah the boy can play
A
   Dedication devotion
E
Turning all the night time into the day
```

Chorus 1

```
                E                           B
He do the song about the sweet lovin' woman
                E                       A
He do the song about the knife
                E       B                   A
He do the walk,   he do the walk of life
B
Yeah, he do the walk of (life)
```

Link | E | A | B | A B ||
life

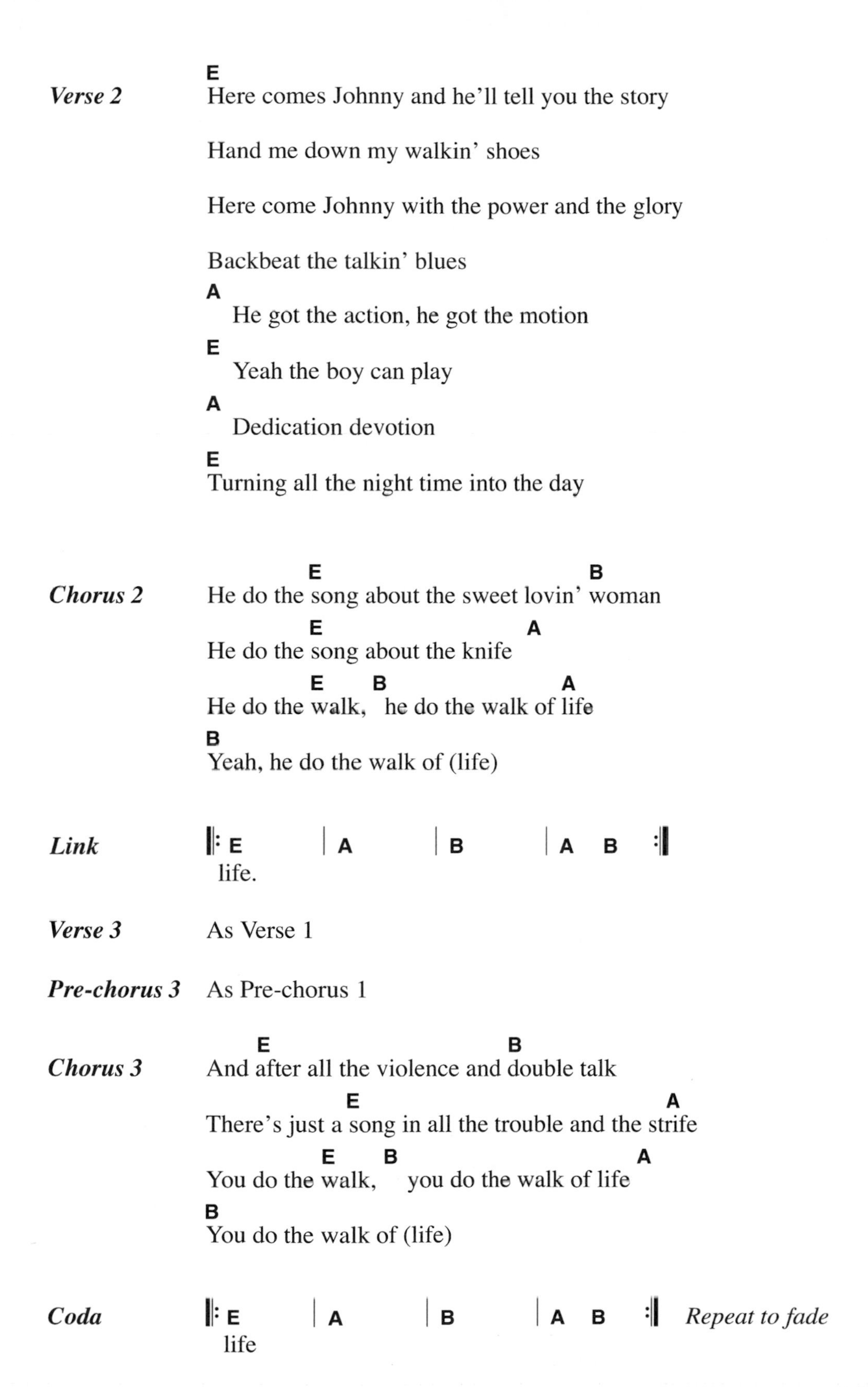

Verse 2

E
Here comes Johnny and he'll tell you the story

Hand me down my walkin' shoes

Here come Johnny with the power and the glory

Backbeat the talkin' blues

A
He got the action, he got the motion

E
Yeah the boy can play

A
Dedication devotion

E
Turning all the night time into the day

Chorus 2

E B
He do the song about the sweet lovin' woman

E A
He do the song about the knife

E B A
He do the walk, he do the walk of life

B
Yeah, he do the walk of (life)

Link

𝄆 E | A | B | A B 𝄇
life.

Verse 3 As Verse 1

Pre-chorus 3 As Pre-chorus 1

Chorus 3

E B
And after all the violence and double talk

E A
There's just a song in all the trouble and the strife

E B A
You do the walk, you do the walk of life

B
You do the walk of (life)

Coda

𝄆 E | A | B | A B 𝄇 *Repeat to fade*
life

When It Comes To You

Words & Music by Mark Knopfler

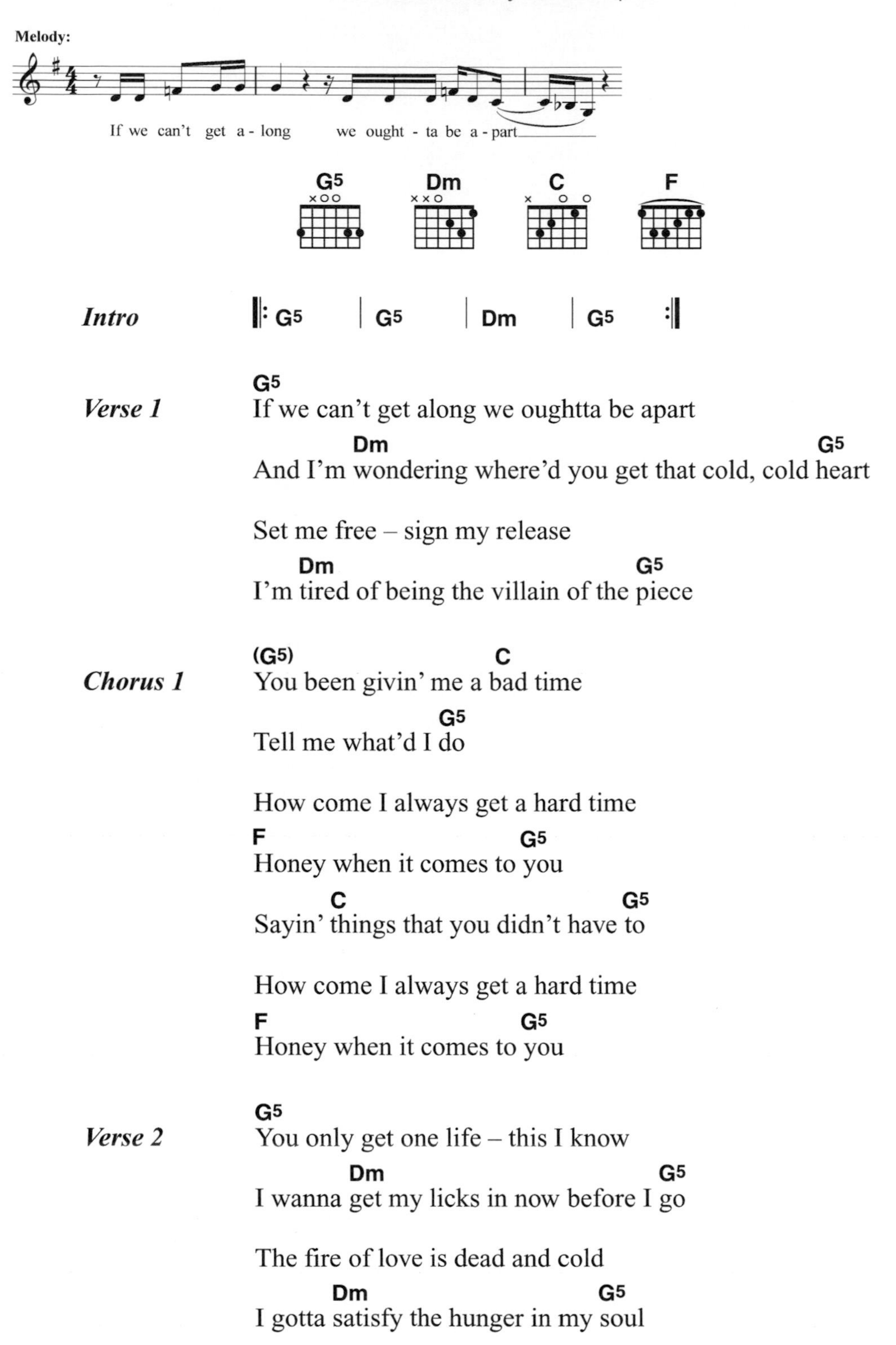

Intro 𝄆 G5 | G5 | Dm | G5 𝄇

Verse 1

```
G5
If we can't get along we oughtta be apart
               Dm                                   G5
And I'm wondering where'd you get that cold, cold heart

Set me free – sign my release
      Dm                          G5
I'm tired of being the villain of the piece
```

Chorus 1

```
(G5)                 C
You been givin' me a bad time
                G5
Tell me what'd I do

How come I always get a hard time
F                      G5
Honey when it comes to you
       C                       G5
Sayin' things that you didn't have to

How come I always get a hard time
F                      G5
Honey when it comes to you
```

Verse 2

```
G5
You only get one life – this I know
           Dm                         G5
I wanna get my licks in now before I go

The fire of love is dead and cold
         Dm                         G5
I gotta satisfy the hunger in my soul
```

Chorus 2 As Chorus 1

Solo

|: G5 | G5 | Dm | G5 :|

|: C | G5 | G5 F | G5 :|

Verse 3

```
G5
If we can't get along we oughtta be apart
                Dm                                          G5
And I'm wondering where'd you get that cold, cold heart

Set me free – sign my release
      Dm                                     G5
I'm tired of being the villain of the piece
```

Chorus 3

```
(G5)
You been giving me a bad time
                     G5
Tell me what'd I do
           C                               G5
How come I always get a hard time
F
Honey when it comes to you
           C                                G5
Sayin' things that you didn't have to

How come I always get a hard time
F                            G5
Honey when it comes to you

How come I always get a hard time
F                            G5
Honey when it comes to you

How come I always get a hard time
F                            G5
Honey when it comes to you
```

Outro |: G5 F | G5 | G5 F | G5 :| *Play 8 times to fade*

Where Do You Think You're Going?

Words & Music by Mark Knopfler

Am F G E7sus4 Dm

Intro | Am | F | G | E7sus4 ||

Verse 1

Am
Where d'ya think you're going
F
Don't you know it's dark outside
G
Where d'ya think you're going
E7sus4
Don't you care about my pride
Am
Where d'ya think you're going
F
I think a you don't know
G
You got no way of knowing
E7sus4
There's really no place you can go

Link | Am | F | Dm | F ||

Verse 2

Am
I understand your changes
F
A-long before you reach the door
G
I know where you think you're going you
E7sus4
I know what you came here for

cont.

Am
And now I'm sick of joking
F
You know I like you to be free
G
A-where d'ya think you're going
E7sus4 Am | F | Dm | F ||
I think you better go with me girl

Middle

G
You say there is no reason
Am
But you still find cause to doubt me
G
If you ain't with me girl
E7sus4 Am | F | Dm | F ||
You're gonna be without me

Verse 3

Am
Where d'ya think you're going
F
Don't you know it's dark outside
G
Where d'ya think you're going
E7sus4
I wish I didn't care about my pride
Am
And now I'm sick of joking
F
You know I like you to be free
G
A-where do you think ya going
E7sus4 Am | F | Dm | F ||
I think you better go with me girl

Coda

|: Am | Am | F | F |

| Dm | Dm | F | F G :| *Repeat to fade*

Why Worry

Words & Music by Mark Knopfler

Intro

:E	B7	E	B7
E	A F♯/A♯	B C♯m7	B7* :
:E	A B	E	A B C♯m B :
A B C♯m B	A B C♯m	C♯m	B
B ‖

Verse 1

```
E       B7                              E       B7
Baby    I see this world has made you sad
                          E      A
Some people can be bad
                     F♯/A♯                B      C♯m7  B7*
The things they do, the things they say
    E       B7                            E       B7
But baby    I'll wipe away those bitter tears
                                E      A
I'll chase away those restless fears
                    F♯/A♯            B      C♯m7  B7*
That turn your blue skies into grey
```

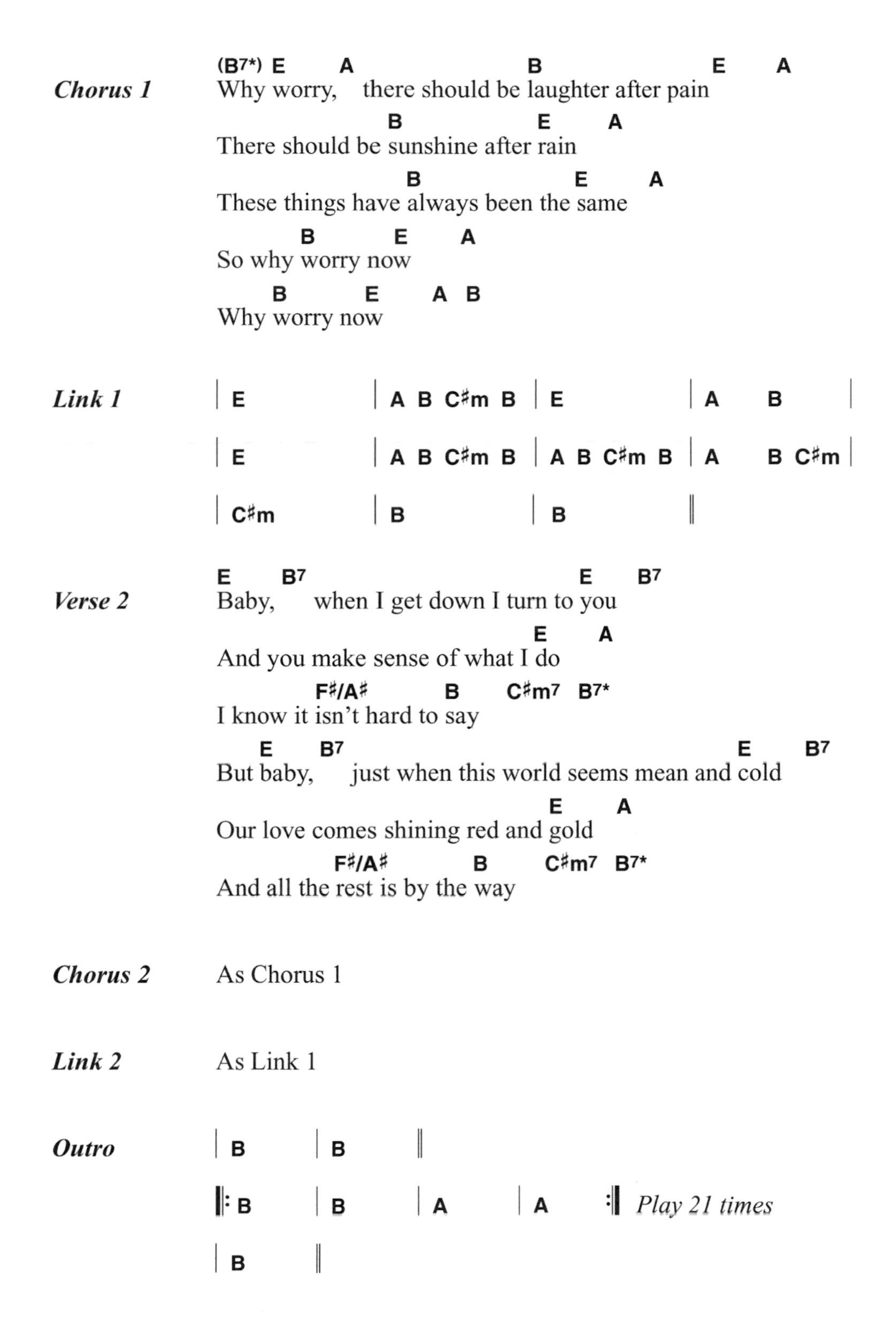

Chorus 1

(B7*) E A B E A
Why worry, there should be laughter after pain
B E A
There should be sunshine after rain
B E A
These things have always been the same
B E A
So why worry now
B E A B
Why worry now

Link 1

| E | A B C♯m B | E | A B |
| E | A B C♯m B | A B C♯m B | A B C♯m |
| C♯m | B | B ‖

Verse 2

E B7 E B7
Baby, when I get down I turn to you
E A
And you make sense of what I do
F♯/A♯ B C♯m7 B7*
I know it isn't hard to say
E B7 E B7
But baby, just when this world seems mean and cold
E A
Our love comes shining red and gold
F♯/A♯ B C♯m7 B7*
And all the rest is by the way

Chorus 2 As Chorus 1

Link 2 As Link 1

Outro

| B | B ‖
‖: B | B | A | A :‖ *Play 21 times*
| B ‖

Wild Theme

Music by Mark Knopfler

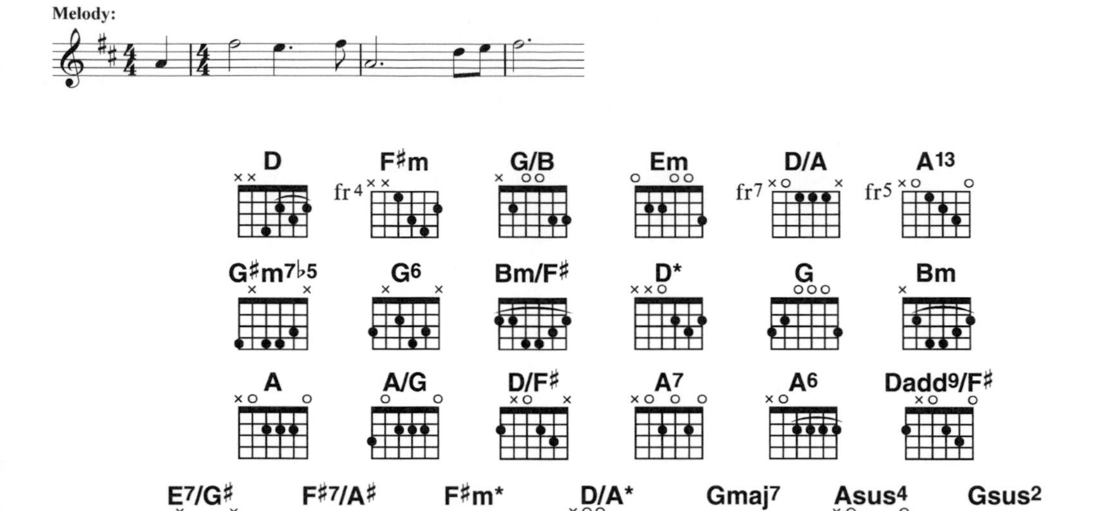

Intro				
	D	D	D	D
	F♯m	F♯m	F♯m	F♯m
	G/B	G/B	Em	Em
	D/A	D/A	A13	A13
	G/B	G/B Em	D/A	D/A
	A13	A13		
	G♯m♭5	G♯m♭5	G6	G6
	Bm/F♯	Bm/F♯	Bm/F♯	Bm/F♯

Theme

| D* | D* | 2/4 G | 4/4 D |

| D Bm | A | A/G | 2/4 D/F♯ |

| 4/4 G | Em A7 | D | D |

| 2/4 G | 4/4 D | D Bm | A |

| A/G | D/F♯ G | 2/4 A7 | 4/4 D ||

Bridge

| Bm A6 | G Dadd9/F♯ | Em D/F♯ | G E7/G♯ A F♯7/A♯ |

| Bm F♯m | G D/F♯ | Em D/A | 2/4 Gmaj7 | 4/4 Asus4 ||

Theme/Ending

| D | D Bm | 2/4 G | 4/4 D |

| D Bm | Asus4 | A/G | 6/4 D/F♯ G D/F♯ |

| 4/4 Em A7sus4 | D | D Bm |

| 2/4 G | 4/4 D | D Bm | A |

| A/G | D/F♯ G | 2/4 A | 4/4 D |

| D | Bm Gsus2 | A7 | D ||

Wild West End

Words & Music by Mark Knopfler

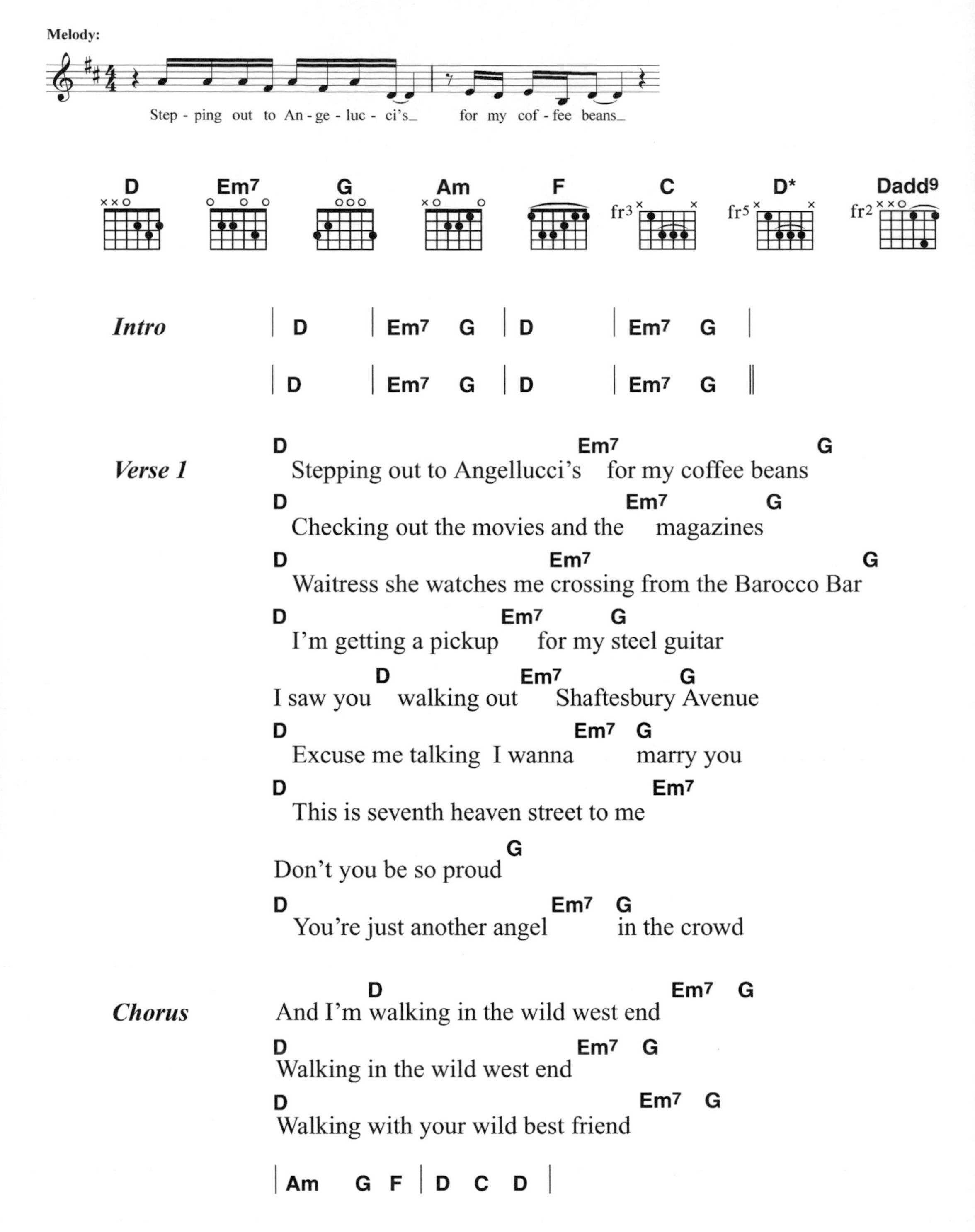

Intro

| D | Em7 G | D | Em7 G |

| D | Em7 G | D | Em7 G ||

Verse 1

D Em7 G
Stepping out to Angellucci's for my coffee beans
D Em7 G
Checking out the movies and the magazines
D Em7 G
Waitress she watches me crossing from the Barocco Bar
D Em7 G
I'm getting a pickup for my steel guitar
D Em7 G
I saw you walking out Shaftesbury Avenue
D Em7 G
Excuse me talking I wanna marry you
D Em7
This is seventh heaven street to me
G
Don't you be so proud
D Em7 G
You're just another angel in the crowd

Chorus

D Em7 G
And I'm walking in the wild west end
D Em7 G
Walking in the wild west end
D Em7 G
Walking with your wild best friend

| Am G F | D C D |

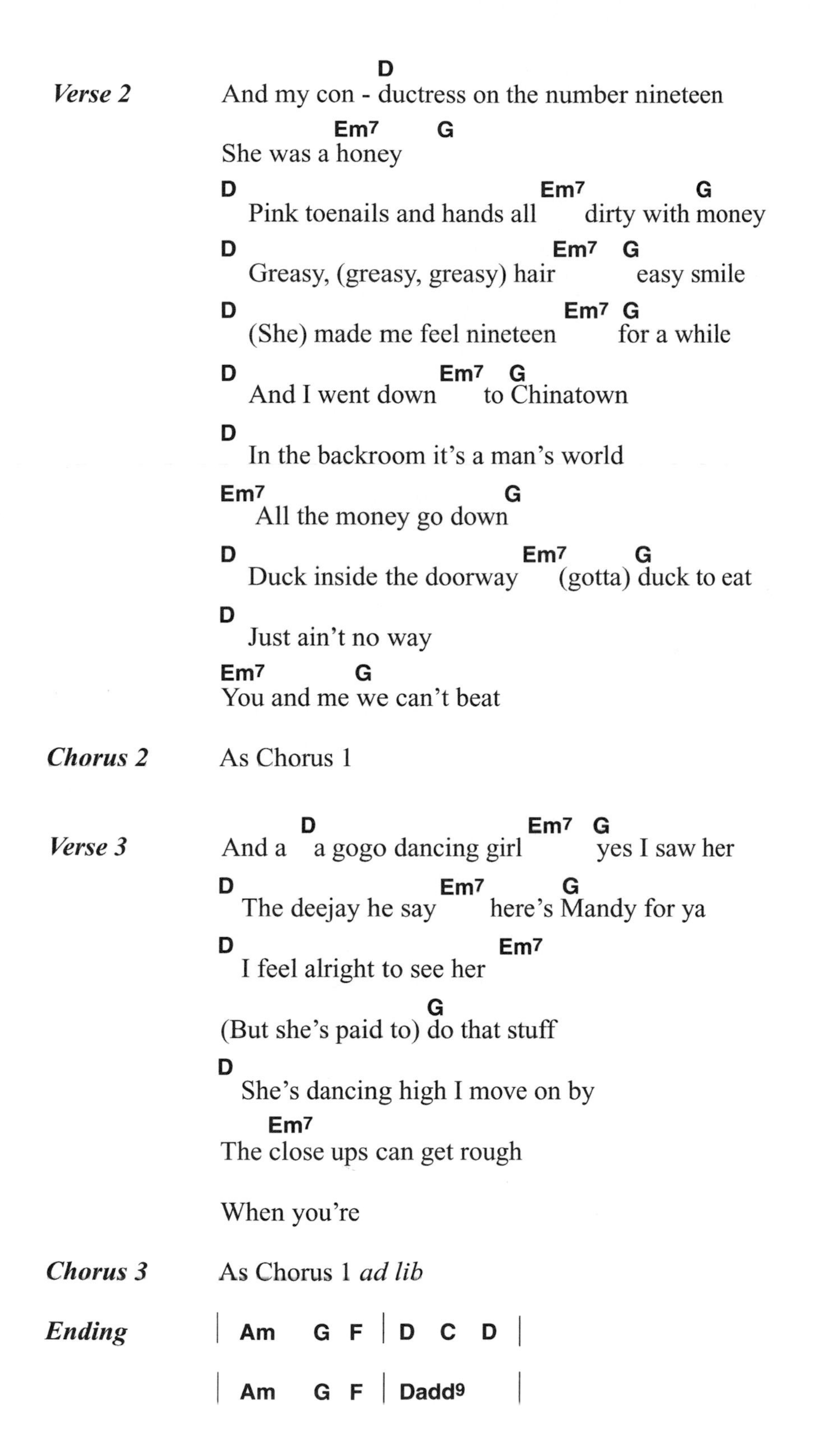

Verse 2

D
And my con - ductress on the number nineteen
Em7 G
She was a honey
D Em7 G
Pink toenails and hands all dirty with money
D Em7 G
Greasy, (greasy, greasy) hair easy smile
D Em7 G
(She) made me feel nineteen for a while
D Em7 G
And I went down to Chinatown
D
In the backroom it's a man's world
Em7 G
All the money go down
D Em7 G
Duck inside the doorway (gotta) duck to eat
D
Just ain't no way
Em7 G
You and me we can't beat

Chorus 2

As Chorus 1

Verse 3

D Em7 G
And a a gogo dancing girl yes I saw her
D Em7 G
The deejay he say here's Mandy for ya
D Em7
I feel alright to see her
G
(But she's paid to) do that stuff
D
She's dancing high I move on by
Em7
The close ups can get rough

When you're

Chorus 3

As Chorus 1 *ad lib*

Ending

| Am G F | D C D |

| Am G F | Dadd9 |

Water Of Love

Words & Music by Mark Knopfler

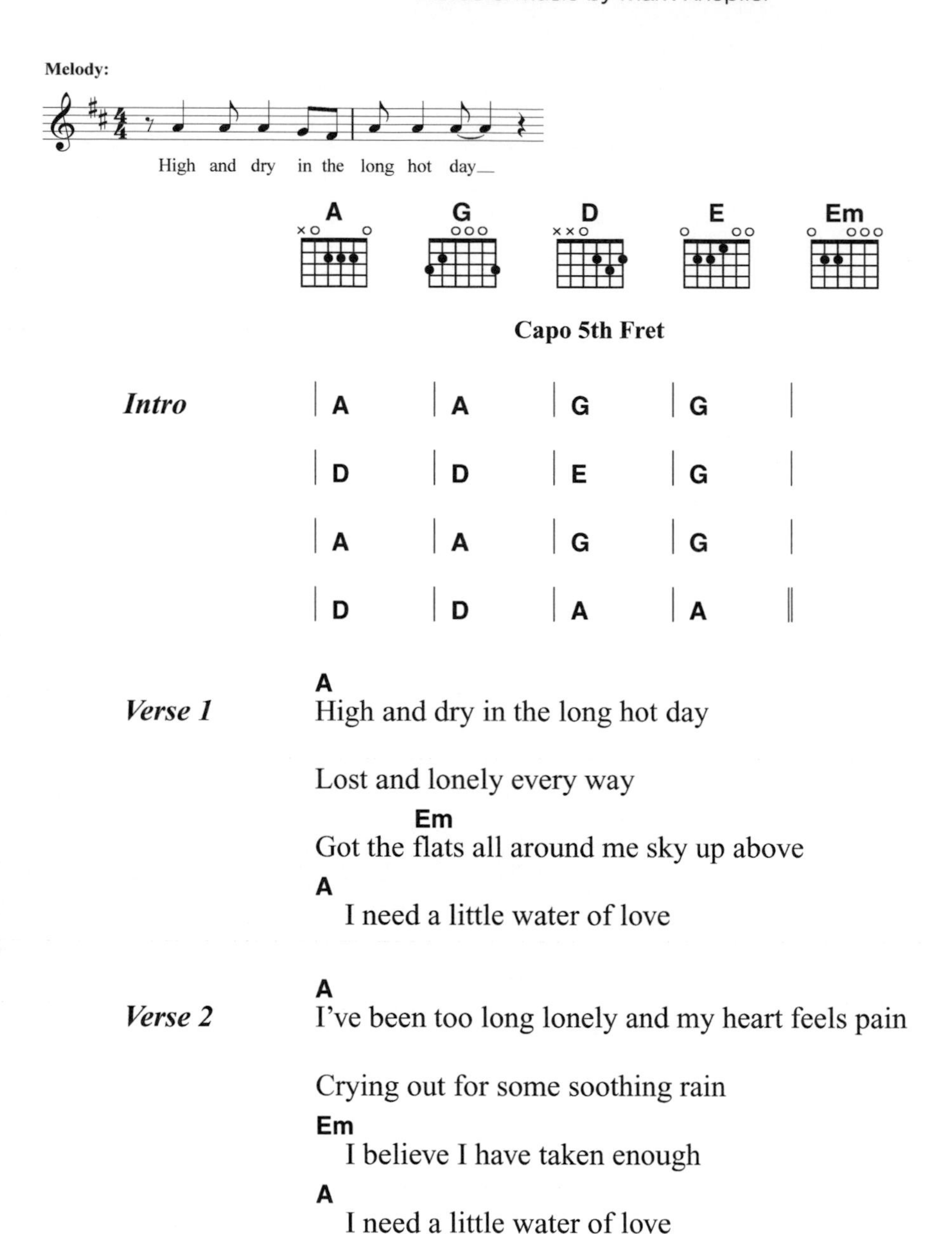

Capo 5th Fret

Intro	A	A	G	G
	D	D	E	G
	A	A	G	G
	D	D	A	A

Verse 1

```
A
High and dry in the long hot day

Lost and lonely every way
            Em
Got the flats all around me sky up above
A
   I need a little water of love
```

Verse 2

```
A
I've been too long lonely and my heart feels pain

Crying out for some soothing rain
Em
   I believe I have taken enough
A
   I need a little water of love
```

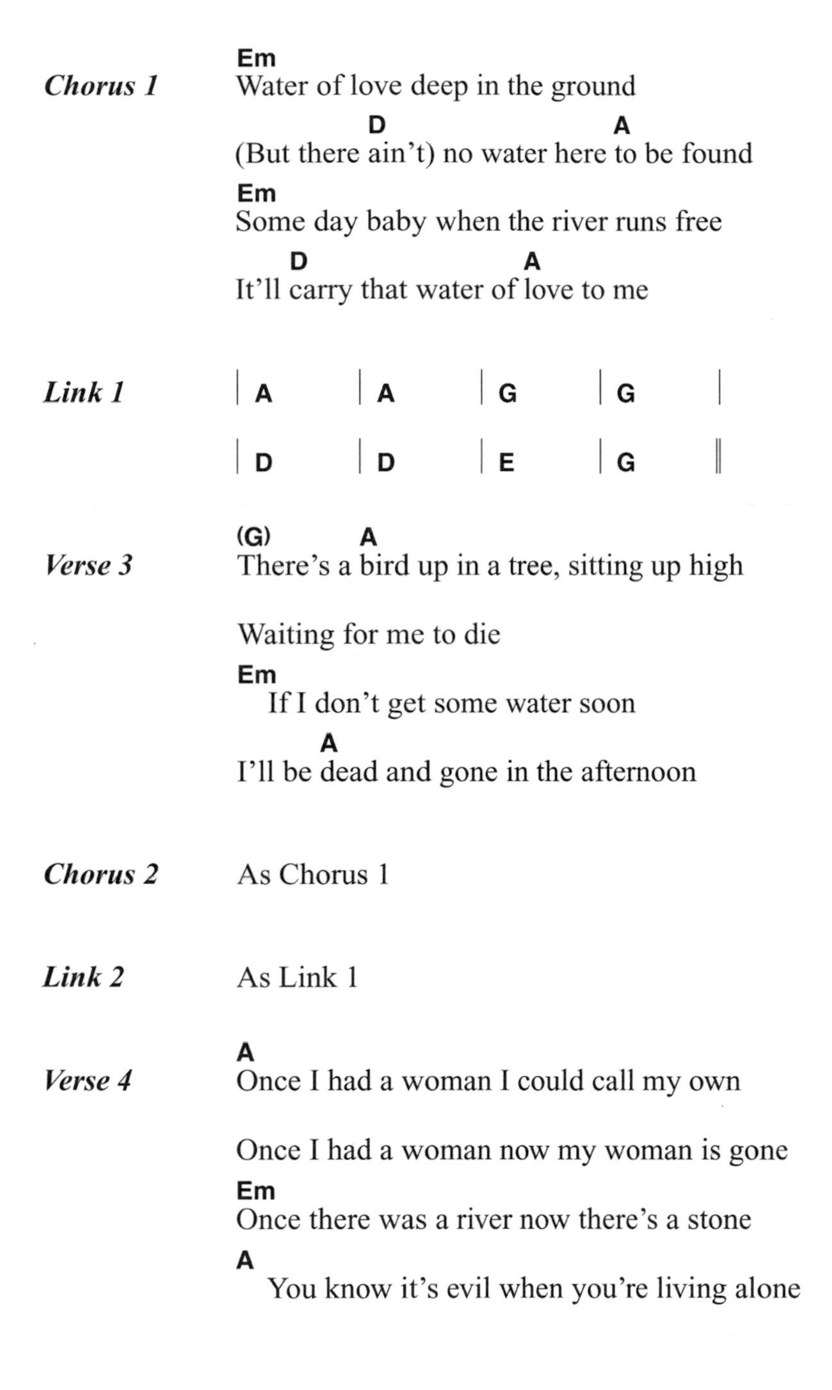

Chorus 1

Em
Water of love deep in the ground
D A
(But there ain't) no water here to be found
Em
Some day baby when the river runs free
D A
It'll carry that water of love to me

Link 1

| A | A | G | G |
| D | D | E | G ||

Verse 3

(G) A
There's a bird up in a tree, sitting up high

Waiting for me to die
Em
If I don't get some water soon
A
I'll be dead and gone in the afternoon

Chorus 2 As Chorus 1

Link 2 As Link 1

Verse 4

A
Once I had a woman I could call my own

Once I had a woman now my woman is gone
Em
Once there was a river now there's a stone
A
You know it's evil when you're living alone

Chorus 3

```
Em
Water of love deep in the ground
                 D                             A
(But there ain't) no water here to be found
Em
Some day baby when the river runs free
                D                           A
It's gonna carry that water of love to me
Em
Water of love deep in the ground
                 D                             A
(But there ain't) no water here to be found
Em
Some day baby when the river runs free
                D                           A
It's gonna carry that water of love to me
```

Outro

```
||: A   | A   | G   | G   |
| D     | D   | E   | G   :||
```

Play 3 times to fade

Your Latest Trick

Words & Music by Mark Knopfler

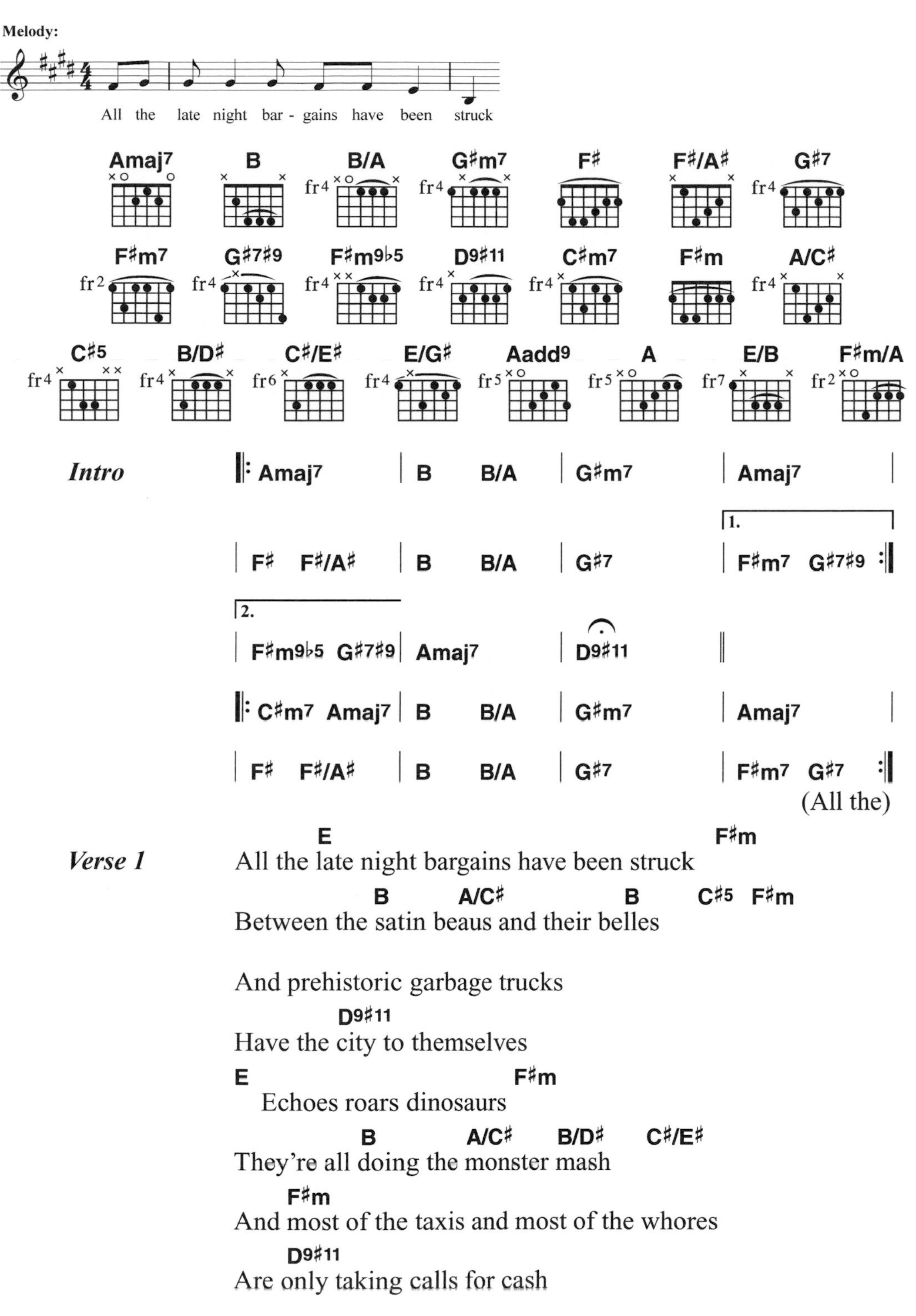

```
               Amaj7                 B              B/A
Chorus 2          I don't know how it happened
                 E/G#             Aadd9      A
               It all took place so quick
                   E/B           E/G#  F#m/A   B          A/C#   B/D#
               But all I can do                is hand it to     you

               And your latest trick


Link 1         | C#m7  Amaj7 | B      B/A   | G#m7          | Amaj7         |

               | F#    F#/A# | B      B/A   | G#7           | F#m9b5  G#7   ||


               (G#7)     E                       F#m
Verse 2               My door was standing open
                   B        A/C#               B      C#5
               Se - curity was laid back and lax
                           F#m
               But it was only my heart that got broken
                                       D9#11
               You must have had a pass key made out of wax
                            E
               You played robbery with insolence
                                 F#m               B             A/C#             B/D#    C#/E#
               And I played the blues in twelve bars down Lover's Lane
                          F#m
               And you never did have the intelligence to use
                            D9#11
               The twelve keys hanging off my chain


Chorus 2       As Chorus 1


Link 2         As Link 1
```

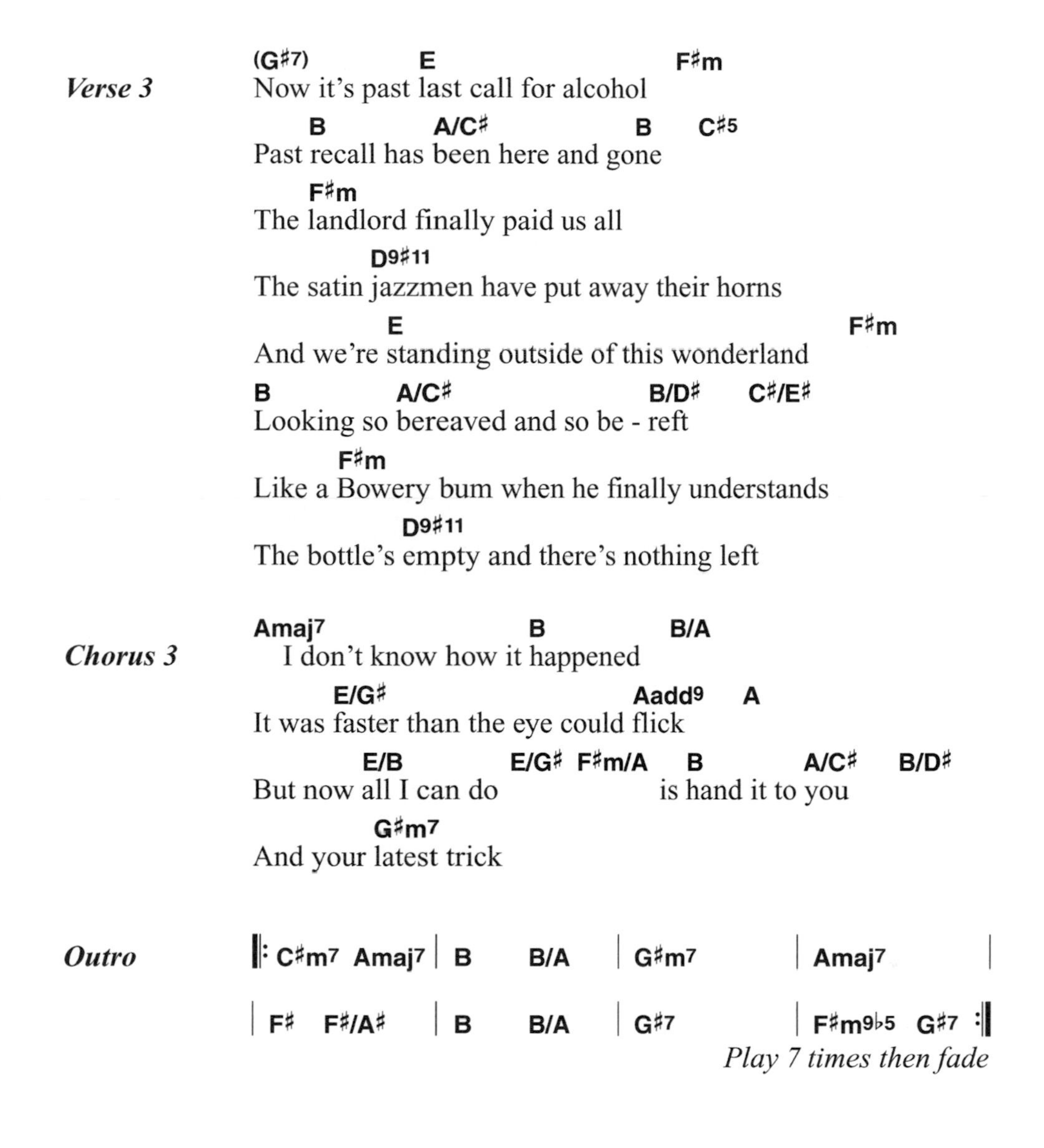
Verse 3
(G♯7) E F♯m
Now it's past last call for alcohol
B A/C♯ B C♯5
Past recall has been here and gone
F♯m
The landlord finally paid us all
D9♯11
The satin jazzmen have put away their horns
E F♯m
And we're standing outside of this wonderland
B A/C♯ B/D♯ C♯/E♯
Looking so bereaved and so be - reft
F♯m
Like a Bowery bum when he finally understands
D9♯11
The bottle's empty and there's nothing left
Chorus 3
Amaj7 B B/A
I don't know how it happened
E/G♯ Aadd9 A
It was faster than the eye could flick
E/B E/G♯ F♯m/A B A/C♯ B/D♯
But now all I can do is hand it to you
G♯m7
And your latest trick
Outro
C♯m7 Amaj7 | B B/A | G♯m7 | Amaj7
F♯ F♯/A♯ | B B/A | G♯7 | F♯m9♭5 G♯7
Play 7 times then fade

You And Your Friend

Words & Music by Mark Knopfler

Melody:

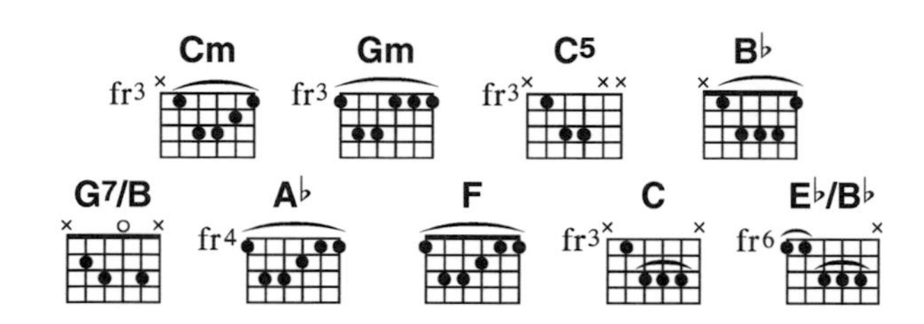

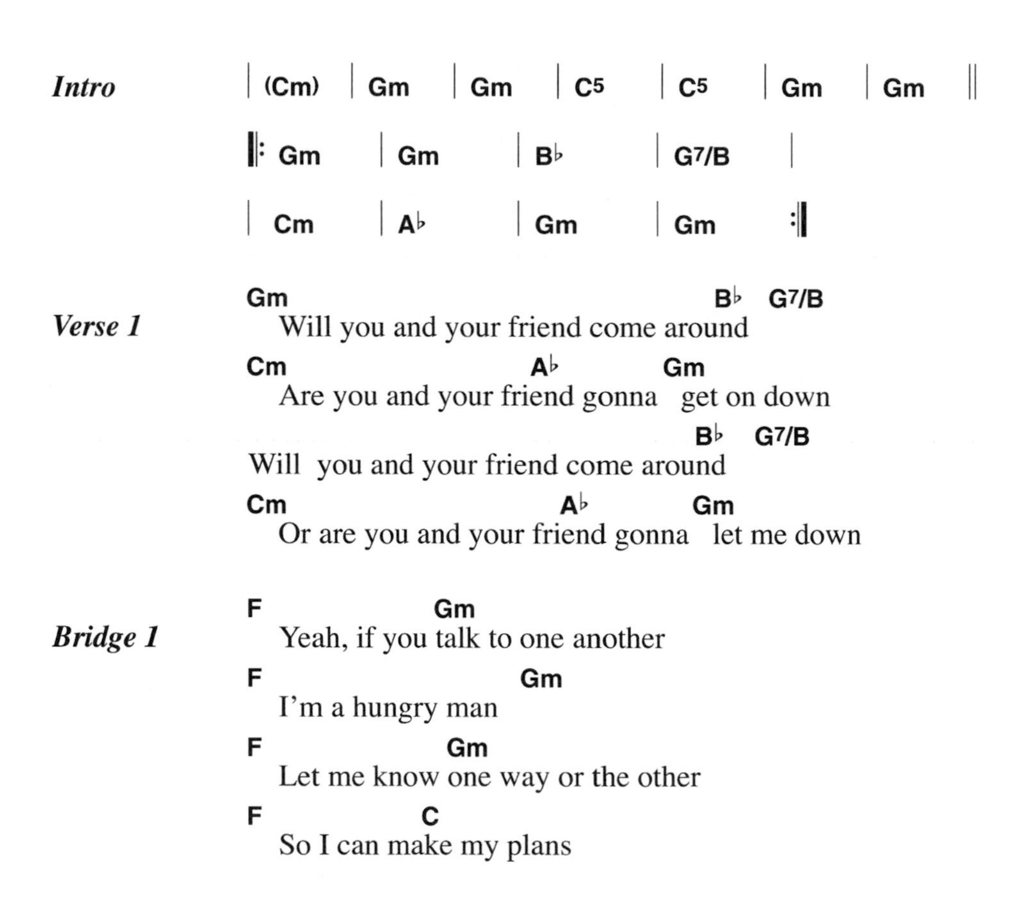

Intro

| (Cm) | Gm | Gm | C5 | C5 | Gm | Gm ||

|: Gm | Gm | B♭ | G7/B |

| Cm | A♭ | Gm | Gm :|

Verse 1

Gm   B♭ G7/B
Will you and your friend come around

Cm   A♭   Gm
Are you and your friend gonna get on down

                               B♭ G7/B
Will you and your friend come around

Cm   A♭   Gm
Or are you and your friend gonna let me down

Bridge 1

F   Gm
Yeah, if you talk to one another

F   Gm
I'm a hungry man

F   Gm
Let me know one way or the other

F   C
So I can make my plans

Verse 2

```
Gm                                      B♭   G7/B
   Will you and your friend come around
Cm                             A♭         Gm
   Or are you and your friend gonna   get on down
                                         B♭   G7/B
Will you and your friend come around
Cm                        A♭              Gm
   Or are you and your friend gonna   get on down
```

Bridge 2

```
F                   Gm
   I relive the situation
F                       Gm
   Still see it in my mind
F                 Gm
   You got my   imagination
F          C
   Working overtime
```

Link

| E♭/B♭ | E♭/B♭ | C | C |

Solo

|: Gm | Gm | B♭ | G7/B |

| Cm | A♭ | Gm | Gm :| *Play 6 times to fade*

Relative Tuning

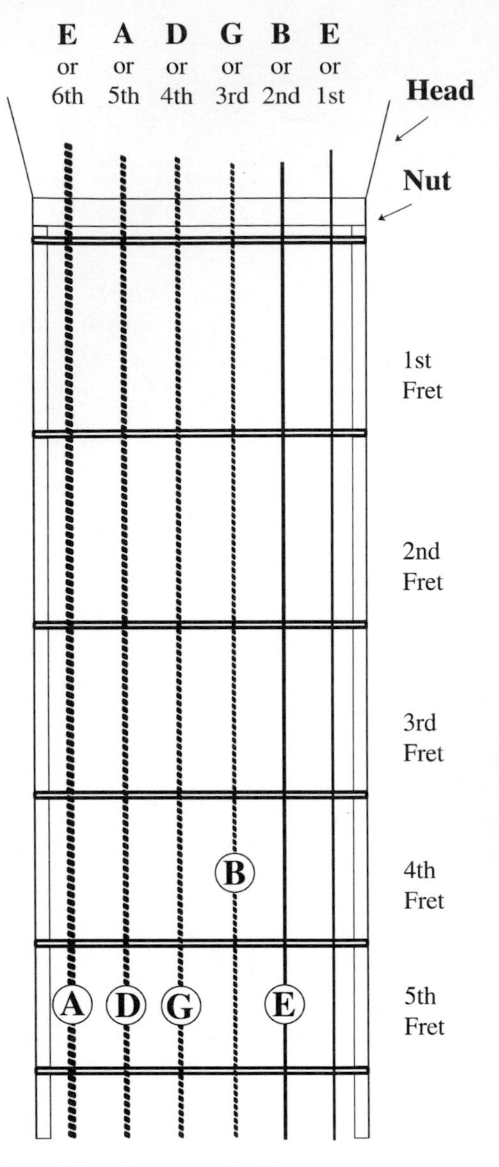

The guitar can be tuned with the aid of pitch pipes or dedicated electronic guitar tuners which are available through your local music dealer. If you do not have a tuning device, you can use relative tuning. Estimate the pitch of the 6th string as near as possible to E or at least a comfortable pitch (not too high, as you might break other strings in tuning up). Then, while checking the various positions on the diagram, place a finger from your left hand on the:

5th fret of the E or 6th string and **tune the open A** (or 5th string) to the note (A)

5th fret of the A or 5th string and **tune the open D** (or 4th string) to the note (D)

5th fret of the D or 4th string and **tune the open G** (or 3rd string) to the note (G)

4th fret of the G or 3rd string and **tune the open B** (or 2nd string) to the note (B)

5th fret of the B or 2nd string and **tune the open E** (or 1st string) to the note (E)

Reading Chord Boxes

Chord boxes are diagrams of the guitar neck viewed head upwards, face on as illustrated. The top horizontal line is the nut, unless a higher fret number is indicated, the others are the frets.

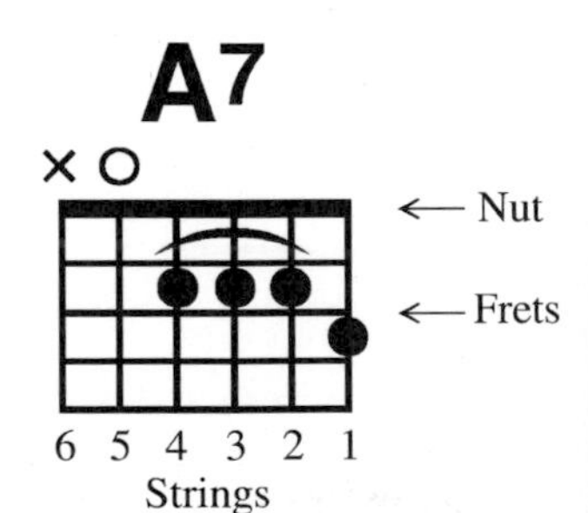

The vertical lines are the strings, starting from E (or 6th) on the left to E (or 1st) on the right.

The black dots indicate where to place your fingers.

Strings marked with an O are played open, not fretted. Strings marked with an X should not be played.

The curved bracket indicates a 'barre' - hold down the strings under the bracket with your first finger, using your other fingers to fret the remaining notes.